PETER V. JONES & KEITH C. SIDWELL

Reading Latin

TEXT

CAMBRIDGE
UNIVERSITY PRESS

PRELIMINARY REMARKS

The course: time to be taken and principles of construction

Reading Latin (*Text* and *Grammar, vocabulary and exercises*) is aimed at mature beginners in the sixth form (11th–12th grade), universities and adult education who want to learn classical or mediaeval Latin. Trials were carried out between 1981 and 1984 at a number of schools, summer schools, universities (at home and in the United States, Canada, New Zealand and Denmark) and adult education centres, and the final version given to the Press in September 1984. Our experience strongly suggests that it takes longer to develop a reading ability in Latin than it does in Greek. Consequently, in schools and adult education, where time is restricted, *Reading Latin* should be treated as a two-year course, and in universities, on a timetable of 3–4 hours a week, the first year's target should be somewhere in Section 5. Very good groups could, of course, go faster.

The principles on which we constructed the course are broadly those of *Reading Greek*, with three important exceptions. First, it became clear early on that Latin needs more exercise work than Greek does, and that English into Latin restricted to the level of the phrase or single verb has an important part to play (there are also English into Latin sentences and simple prose work for those who want them). Secondly, we became convinced that if students are ever to read Latin with any confidence they must be encouraged from the very beginning to understand it, word by word and phrase by phrase, in the same order as it was written. A large number of exercises are devoted to this end. In particular, we encourage students to analyse out loud their understanding of a sentence as they translate it and to indicate what they anticipate next. Thirdly, the role of the Latin language in the development of English in particular and Western civilisation and romance languages in general is ineradicable. If we ignored that tradition, and concentrated narrowly on classical Latin, we felt that we would be depriving students of an understanding of Latin's true importance for the Western world. Consequently, while the course teaches classical Latin, the sections of *dēliciae Latīnae* take the students into the worlds of pre-classical, post-classical, Vulgate and mediaeval Latin and explore Latin's influence upon English vocabulary today.

Methodology

Users of *Reading Greek* will be familiar with the methodology that we propose. There are two volumes: *Text* and *Grammar, vocabulary and exercises* (*GVE*).

Step one: with the help of the running vocabularies in *GVE*, or with the teacher prompting, read and translate the appropriate section of the Latin *Text*. In the course of the translation, the teacher should draw out and formalise on the board *only the grammar that is set to be learned for that section* (this can, of course, be done before the *Text* is tackled, if the teacher so desires, but our experience suggests it is far better to let the students try to see for themselves, under the teacher's guidance, how the new grammar works).

Step two: when that is done, students should learn thoroughly the *Learning vocabulary* for the section.

Step three: the grammar of the section should be reviewed and learned thoroughly from the *GVE* volume, and a selection of the exercises tackled. It is extremely important to note that the exercise should be regarded as a *pool out of which the teachers/students should choose what to do, and whether in or out of class*. Some of the simpler exercises we have already split into necessary and optional sections, but this principle should be applied to all of them. Most of these should be done and graded *out of class* (this saves much time)[1], but the *Reading exercises* should all be done orally and the students encouraged to analyse out loud their understanding of the passage as they read it. This technique should, in time, be passed on to the reading of the *Text*.

---

[1] At the time of going to press, we are investigating the possibility of computer software containing the exercises and a self-correcting program. This would save even more time for the hard-pressed teacher.

Step four: use as much *dēliciae Latīnae* as time allows or personal taste dictates.

Step five: on to the next section of the *Text*, and repeat.

A note for mediaeval Latinists

Since classical Latin is the foundation on which mediaeval developed, and to which mediaeval writers consistently looked back, it is essential to start Latin studies with classical Latin. The sections of *dēliciae Latīnae* offer plenty of contact with later Latin, especially the Vulgate (probably the most important Latin text ever written). You should aim to get into, and preferably complete, Section 5 of *Reading Latin*, before moving on to the forthcoming *Reading mediaeval Latin*. This will be a single volume in two halves, the first consisting of selections of Latin, in historical sequence, from the first to the sixteenth century A.D., with a commentary on the linguistic and cultural changes of the times, the second consisting of a selection of texts illustrating the mediaeval world and its Latin literature of the eleventh to thirteenth century A.D. The texts will be accompanied by facing-page vocabularies and, at the back, a working reference grammar of mediaeval Latin, and a total vocabulary.

ACKNOWLEDGEMENTS

We give our warmest thanks to all our testing institutions, both at home and overseas. In particular, we should like to thank I. M. Le M. DuQuesnay (then of the University of Birmingham, now of Jesus College, Cambridge) and Professor J. A. Barsby (University of Otago at Dunedin, New Zealand) who both gave up wholly disproportionate amounts of their time to the early drafts of the course; Janet Cann and Professor David West (University of Newcastle upon Tyne) who suffered with the course from its very beginnings, and can have learnt nothing through their suffering, though they both taught us very much; J. G. Randall (University of Lancaster), whose *Parua Sagācī* taught us much about the technique of reading Latin as it comes and who put at our disposal his index of Latin sentences; Professor E. J. Kenney (Peterhouse, Cambridge), who took the tortured Latin of the trial text and put it skilfully out of its suffering; Dr J. G. F. Powell (University of Newcastle upon Tyne), who ran an expert eye at the last minute over the whole course and saved us from much error of fact and judgement and whose notes on Latin word-order are the basis for section **W** of the Reference Grammar; Dr R. L. Thomson (University of Leeds) for contributing the essays on the Latin language in the Appendix; Sir Desmond Lee for the comedy and prose translations; Professor West for the Lucretius and Virgil translations; Mr J. J. Paterson (University of Newcastle upon Tyne) for work on the historical introductions to Sections 4 and 5; Professor E. Phinney (University of Massachusetts) for scrutinising the whole text for solecisms; our patient indefatigable typist Ms K. J. Watson (University of Newcastle upon Tyne); Professor B. A. Sparkes (University of Southampton) who has brought to the illustrations the same scholarship and imagination which so graced the pages of the *Reading Greek* series; out editor Pauline Hire for patience beyond the call of duty and most particularly our subeditor Susan Moore, whose hundred-eyed vigilance during the preparation of the book for production caught so many slips, especially in *GVE*, that it had to be matched by a hundred-handed corrector.

Finally, we gratefully acknowledge a loan of £750 from the Finance Committee of the J.A.C.T. Greek Project and a grant of £3,000 from the Nuffield 'Small Grants' Foundation which enabled the three-year testing programme to begin.

The generous support of these institutions and the selfless commitment of the individuals mentioned above have been indispensable ingredients in the production of this course. Responsibility for all error is to be laid firmly at our door.

Peter V. Jones
University of Newcastle upon Tyne, NE1 7RU U.K.

Keith C. Sidwell
St Patrick's College, Maynooth, Co. Kildare, IRELAND

Notice
To avoid confusion, especially amongst users of *Reading Greek* (C.U.P. 1978), it must be made clear that *Reading Latin* is the authors' private venture and has no connections whatever with the Joint Association of Classical Teachers.

NOTES

1. All dates are B.C., unless otherwise specified.
2. Linking devices are used throughout the *Text* to indicate words that should be taken together. ⌢ links words next to each other, ⌐ ¬ links words separated from each other. Such phrases should be looked up under the first word of the group in the running vocabularies.
3. All vowels should be pronounced short, unless they are marked with a macron (e.g. ē), when they should be pronounced long (see pronunciation guide, p. xiv of *Grammar, vocabulary and exercises* volume).

MAPS AND PLANS

Names of places and locations of tribes mentioned in the Latin text or the English introductions will be found on one or other of these maps or plans.

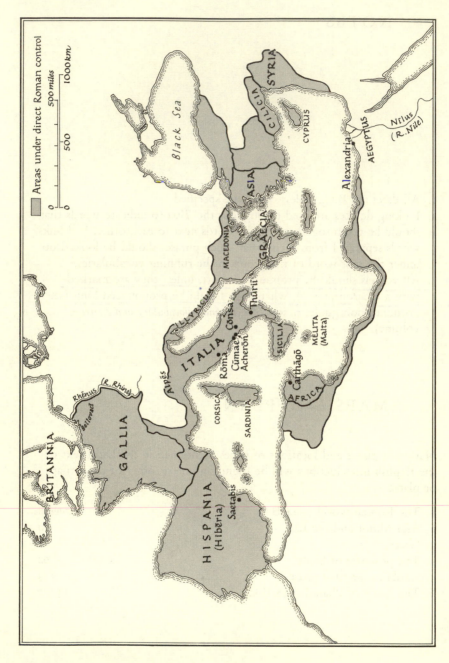

1. The Roman world c. 44 B.C.

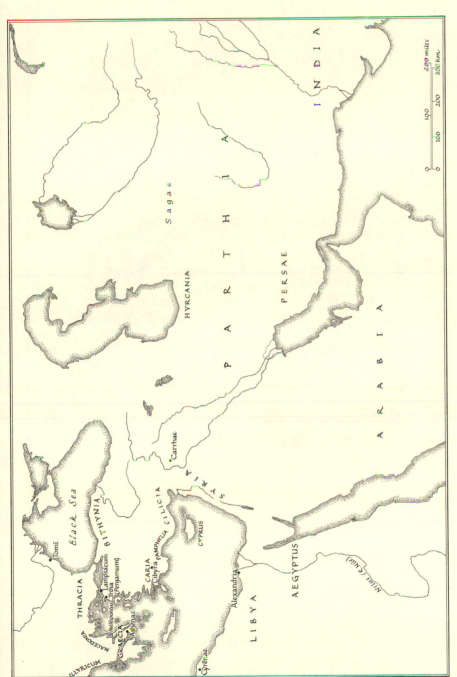

2. Asia Minor and the East.

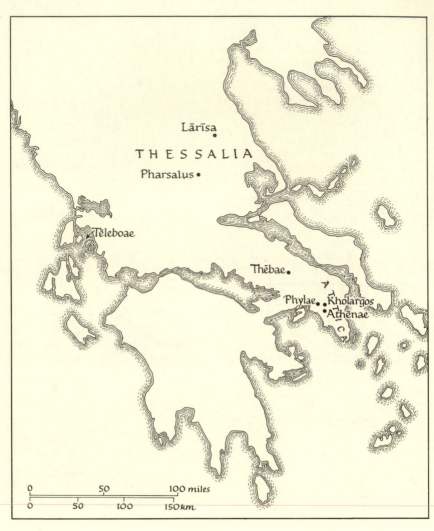

3. Greece.

Introduction

1. Romulus and Remus.

Greeks and Romans

According to tradition, Rome was founded by Romulus on 21 April
753. He was the first of seven kings. In 509, the last king (Tarquinius
Superbus – 'Tarquin the Proud') was expelled and the Republic began.
This was seen as the beginning of the age of freedom (*lībertās*). During
this period of aristocratic government, Rome extended her power first
through Italy, then into the Western Mediterranean (Sicily, Spain,
North Africa (Carthage)) and finally into the Eastern Mediterranean.
From the beginning Rome had been in contact with Greek culture, for
Greek colonies had been established as early as the seventh century in
Italy and Sicily. North of Rome lay another developed culture, that of
the Etruscans. Roman culture developed under these joint influences.
When the Romans finally conquered Greece in 146, they found
themselves in possession of the home of the most prestigious culture in
the Mediterranean. Their reaction was very complex, but three main
strands may be seen. They were proud of their military and
administrative achievement and thus contemptuous of contemporary

Greeks whom they had defeated. At the same time, they shared the
reverence of contemporary Greeks for the great cultural achievements
of earlier Greeks – Homer, Herodotus, Thucydides, the tragedians,
comic poets and orators. The result of this ambivalent attitude was a
more or less conscious decision to create for themselves a culture
worthy of their position as the new dominant power. This culture was
modelled on and emulated that of Greece in its heyday. Yet the
Romans' pride in themselves ensured that the culture was Latin and its
literature was written in Latin, not Greek. Horace's famous words
illustrate Rome's debt to Greek culture:

> *Graecia capta ferum uictōrem cēpit, et artīs*
> *intulit agrestī Latiō*

> 'Captured Greece took its savage conquerer
> captive and brought Culture to rustic Italy'

On the other hand, the poet Propertius, a contemporary of Virgil,
describes Virgil's *Aeneid* in the following terms:

> *nescioquid maius nāscitur Īliade*

> 'Something greater than the *Iliad* is being produced'

2. Rome in the first century A.D.

Romans now felt their culture could stand comparison with the very best of the Greeks'. This veneration of the Greeks contrasts strongly with, for example, the Roman satirist Juvenal's constant attacks on the contemporary *Graeculus ēsuriēns* ('starving little Greek'), which reflected aristocratic contempt for 'modern' Greeks as the decadent descendants of a once great people. Yet at all periods individual Greeks (e.g. Polybius, Posidonius, Parthenius, Philodemus) were held in high esteem at Rome. And by the end of the first century Rome had become the cultural centre of the world, in the eyes not only of Romans but also of Greeks whose poets, scholars and philosophers now flocked there. It is part of the greatness of Rome that, when confronted with Greek culture, she neither yielded completely nor trampled it under foot, but accepted the challenge, took it over, transformed and transmitted it to Europe. Without the mediation of Rome, our culture would be very different, and, arguably, much the poorer.

Here Cicero, one of Rome's most influential writers, reminds his brother Quintus (who was governor of Asia Minor, a Roman province heavily peopled by Greeks) just who he is in charge of and the debt Rome owes to them:

We are governing a civilised race, in fact the race from which civilisation is believed to have passed to others, and assuredly we ought to give civilisation's benefits above all to those from whom we have received it. Yes, I say it without shame, especially as my life and record leave no opening for any suspicion of indolence or frivolity: everything that I have attained I owe to those pursuits and disciplines which have been handed down to us in the literature and teachings of Greece. Therefore, we may well be thought to owe a special duty to this people, over and above our common obligation to mankind; schooled by their precepts, we must wish to exhibit what we have learned before the eyes of our instructors.

(Cicero, *Ad Quīntum* 1.1)

PART ONE

Sections 1–3: Plautus and the Roman comic tradition

Plautus

Titus Macc(i)us Plautus probably lived from *c.* 250 to *c.* 180. He is said to have written about 130 comedies of which 19 survive. Like almost all Roman writers, he drew the inspiration for his work from earlier Greek models, which he freely translated and adapted to fit the Roman audience for which he was writing. For example, it is almost certain that he based *Aululāria*, the first play you will read, on a play by the Athenian Menander (*c.* 340 to *c.* 290), and *Bacchidēs* on Menander's *Dis exapatōn* ('The two-time trickster'). Plautus wrote comedies for production at Roman festivals (*fēriae*, *lūdī*), times devoted to worship of the gods and abstention from work. The originals are written in verse.

Actors in the Greek originals wore masks which covered the whole head. Though it is not absolutely certain that Plautus followed this convention, we have illustrated the Plautine characters in the Introduction with Greek mask-types from around the time of Menander. Notes on these masks and on the other illustrations will be found on p. 154.

Plautus' *Aululāria*: a note

Aululāria begins with the entry of the family Lar (household god), who sketches the history of the family in brief outline and alerts us to Euclio's miserliness. For the purposes of adaptation, we have filled out that brief family history with a number of scenes taken from elsewhere in Roman comedy. We start to follow Plautus at Section 1C.

Section 1
Plautus' *Aululāria*

Introduction: *familia Eucliōnis*

quis es tū? ego sum Ecliō. senex sum.

quis es tū? ego sum Phaedra. fīlia
Eucliōnis sum.

quis es tū? Staphyla sum, serua Eucliōnis.

quī estis?   familia Eucliōnis sumus.

drāmatis persōnae
Eucliō: Eucliō senex est, pater⌢Phaedrae.
Phaedra: Phaedra fīlia⌢Incliōnis est.
Staphyla: serua⌢Eucliōnis est.
Eucliō senex est. Eucliō senex auārus est. Eucliō in⌢aedibus habitat
cum⌢fīliā. fīlia⌢Eucliōnis Phaedra est. est et serua in⌢aedibus.   5
seruae⌢nōmen est Staphyla.

    Eucliōnis⌢familia in⌢aedibus habitat. sunt in⌢familiā⌢Eucliōnis
paterfamiliās, et Phaedra fīlia⌢Eucliōnis, et Staphyla serua. omnēs
in⌢aedibus habitant.

Section 1 A

*The scene moves back in time many years. Euclio's grandfather, Demaenetus,
on the day of his daughter's wedding, fearful that his gold will be stolen amid
the confusion of the preparations, entrusts it to the safe keeping of his
household god (the Lar). He puts it in a pot and hides it in a hole near the
altar.*

drāmatis persōnae
Dēmaenetus: Dēmaenetus senex est, Eucliōnis⌢auus.   10
seruus: seruī⌢nōmen est Dāuus.

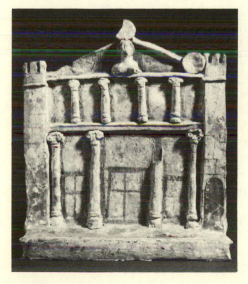

3. aedēs (scaena).

4. ego Dāuus tē uocō.

serua: seruae⁀nōmen est Pamphila.
coquus et tībīcina.
(*seruus in⁀scaenam intrat. ante⁀iānuam⁀Dēmaenetī stat et clāmat. cūr
clāmat? clāmat quod seruam uocat*)   15
SERVVS heus, Pamphila! ego Dāuus tē uocō!
SERVA quis mē uocat? quis clāmat?
SERVVS ego Dāuus tē uocō.
SERVA quid est? cūr mē uocās?
(*seruus ad⁀iānuam appropinquat, sed iānua clausa est. seruus igitur iānuam*   20
pulsat)
SERVVS heus tū, serua! ego iānuam pulsō, at tū nōn aperīs: iānua
          clausa est.
SERVA (*iānuam aperit*) cūr clāmās? ego hūc et illūc cursitō, tū autem
          clāmās. ego occupāta sum, tū autem ōtiōsus es. seruus nōn es,   25
          sed furcifer.
SERVVS ego ōtiōsus nōn sum, Pamphila. nam hodiē Dēmaenetus,
          dominus meus, fīliam in⁀mātrimōnium⁀dat: nūptiae⁀fīliae
          sunt!
(*Dēmaenetus, dominus⁀seruī⁀et⁀seruae, in⁀scaenam intrat*)   30
DĒMAENETVS cūr clāmātis, Dāue et Pamphila? cūr stātis? cūr ōtiōsī

estis? nam hodiē nūptiae⁀fīliae⁀meae sunt. cūr nōn in⁀aedīs
intrātis et nūptiās parātis?

(in⁀aedīs intrant seruus et serua, et nūptiās parant. in⁀scaenam intrant coquus
et tībīcina. Dēmaenetus coquum et tībīcinam uidet)   35

DĒM.   heus uōs, quī estis? ego enim uōs nōn cognōuī.

COQVVS ET TĪBĪCINA   coquus et tībīcina sumus.
            ad⁀nūptiās⁀fīliae⁀tuae uenīmus.

DĒM.   cūr nōn in⁀aedīs⁀meās intrātis et nūptiās parātis?

(coquus et tībīcina in⁀aedīs⁀Dēmaenetī intrant)   40

(Dēmaenetus corōnam et unguentum portat. aulam quoque portat. aula
aurī⁀plēna est)

DĒM.   heu! hodiē nūptiās⁀fīliae⁀meae parō. cūncta familia festīnat.
            hūc et illūc cursitant puerī et puellae, ego coquōs et tībīcinās
            uocō. nunc aedēs plēnae sunt coquōrum⁀et⁀tībīcinārum, et   45
            cūnctī coquī et tībīcinae fūrēs sunt. heu! homo perditus sum,
            immō, perditissimus hominum. nam aulam habeō
            aurī⁀plēnam. ecce! aulam portō. *(senex aulam mōnstrat.)* nunc
            aulam sub⁀ueste cēlō. nam ualdē timeō. *(Sniffs air)* aurum
            enim olet; et fūrēs aurum olfactant. aurum autem nōn olet, sī   50
            sub⁀terrā latet. sī aurum sub⁀terrā latet, nūllum coquum
            nūllam tībīcinam nūllum fūrem timeō. aulam igitur clam

5. larārium.

            sub⁀terrā cēlō. ecquis mē spectat?

(Dēmaenetus circumspectat. nēmō adest. Dēmaenetus igitur nēminem uidet)
            bene. sōlus sum. sed prius ad⁀Larem appropinquō et   55
            unguentum corōnamque dō, et supplicō.

(*ad^Larem appropinquat. unguentum dat et corōnam. deinde Larī supplicat*)
       ō Lar, tūtēla^meae^familiae, tē ōrō et obsecrō. ego tē semper
       corōnō, semper tibi unguentum dō, semper sacrificium et
       honōrem. tū contrā bonam Fortūnam dās. nunc ad^tē aulam   60
       aurī^plēnam portō. sub^ueste autem aulam cēlō. familia
       dē^aulā ignōrat. sed hodiē sunt nūptiae^fīliae. plēnae sunt
       aedēs coquōrum^et^tībīcinārum. immō, fūrum^plēnae sunt.
       aurum olet. ego igitur fūrēs timeō. ō Lar, tē ōrō et obsecrō.
       aulam seruā!   65
(*senex ad^focum appropinquat. prope^focum fouea est. in^foueā aulam cēlat*)
       ecce. saluum aurum est, saluus quoque ego. nunc enim tū
       aulam habēs, Lar.

Section 1 B

*A very long time has passed. The old man Demaenetus has died without
digging up the gold or revealing the secret to his son. Now, however, his
grandson Euclio, an old man, is going to strike lucky. The Lar explains.*

(*Eucliō in scaenā dormit. dum dormit, Lar in scaenam intrat et fābulam
explicat*)   70

6. spectātōrēs, ego sum Lar familiāris.

LAR   spectātōrēs, ego sum Lar familiāris. deus sum familiae Eucliōnis.
ecce Eucliōnis aedēs. est in⁀aedibus Eucliōnis thēsaurus
magnus. thēsaurus est Dēmaenetī, auī Eucliōnis. sed thēsaurus
in aulā est et sub terrā latet. ego enim aulam clam in⁀aedibus
seruō. Eucliō dē thēsaurō ignōrat. cūr thēsaurum clam adhūc   75
seruō? fābulam explicō. Eucliō nōn bonus est senex, sed auārus
et malus. Eucliōnem igitur nōn amō. praetereā Eucliō mē nōn
cūrat. mihi numquam supplicat. unguentum numquam dat,
nūllās corōnās, nūllum honōrem. sed Eucliō fīliam habet
bonam. nam cūrat mē Phaedra, Eucliōnis fīlia, et multum   80
honōrem, multum unguentum, multās corōnās dat. Phaedram
igitur, bonam fīliam Eucliōnis, ualdē amō. sed Eucliō pauper
est. nūllam igitur dōtem habet fīlia. nam senex dē aulā auī
ignōrat. nunc autem, quia Phaedra bona est, aulam aurī
plēnam Eucliōnī dō. nam Eucliōnem in⁀somniō uīsō et aulam   85
mōnstrō. uidēte, spectātōrēs.

(*Eucliō dormit. Lar imāginem auī in scaenam dūcit. Eucliō stupet*)

EVCLIŌ dormiō an uigilō? dī magnī! imāginem uideō auī meī,
Dēmaenetī. saluē, Dēmaenete! heu! quantum mutātus
ab⁀illō...ab⁀īnferīs scīlicet in aedīs intrat. ecce! aulam   90
Dēmaenetus portat. cūr aulam portās, Dēmaenete? ecce!
circumspectat Dēmaenetus et sēcum murmurat. nunc ad āram
Laris festīnat. quid facis, Dēmaenete? foueam facit et in foueā
aulam collocat. mīrum hercle est. quid autem in aulā est? dī
magnī! aula aurī plēna est.   95

DĒMAENETĪ IMĀGŌ   bene. nunc aurum meum saluum
est.

EVC.   nōn crēdō, Dēmaenete. nūllum in⁀aedibus aurum est.
somnium falsum est. pauper ego sum et pauper maneō.

(*Euclio wakes up, and is angry that the gods torment him with what he feels
are false dreams of wealth*)

EVC.   heu mē miserum. ego sum perditissimus hominum. pauper   100
sum, sed dī falsa somnia mōnstrant. auum meum in⁀somniō
uideō. auus aulam aurī plēnam portat. aulam sub terrā clam
collocat iuxtā⁀Larem. nōn tamen crēdō. somnium falsum est.
quārē Lar mē nōn cūrat? quārē mē dēcipit?

(*Eucliō ad⁀Larem appropinquat. subitō autem foueam uidet. Eucliō celeriter*   105
multam terram ē foueā mouet. tandem aula appāret)

EVC.   quid habēs, ō Lar? quid sub⁀pedibus tenēs? hem. aulam uideō.
nempe somnium uērum est.

(Eucliō aulam ē foueā mouet. intrō spectat et aurum uidet. stupet)

        euge! eugepae! aurum possideō! nōn sum pauper, sed dīues!   110
        (suddenly crestfallen) sed tamen hercle homo dīues cūrās semper
        habet multās. fūrēs in⁀aedīs clam intrant. ō mē miserum! nunc
        fūrēs timeō, quod multam pecūniam possideō. eheu! ut Lar
        mē uexat! hodiē enim mihi multam pecūniam, multās simul
        cūrās dat; hodiē igitur perditissimus hominum sum.   115
        quid tum? ā! bonum cōnsilium habeō. ecquis mē spectat?

*(Eucliō aurum sub⁀ueste cēlat et circumspectat. nēminem uidet. tandem
ad⁀Larem appropinquat)*

        ad tē, Lar, aulam aurī plēnam portō. tū aulam seruā et cēlā!

(Eucliō aulam in⁀foueā iterum collocat; deinde multam terram super aulam   120
aggerat)

        bene. aurum saluum est. sed anxius sum. quārē autem anxius
        sum? anxius sum quod thēsaurus magnus multās cūrās dat, et
        mē ualdē uexat. nam in⌐ dīuitum hominum ⌐aedīs fūrēs multī
        intrant; plēnae igitur fūrum multōrum sunt dīuitum hominum   125
        aedēs. ō mē miserum!

Section 1 C

(Eucliō ex aedibus in scaenam intrat clāmatque)

EVC.   exī ex aedibus! exī statim! cūr nōn exīs, serua mea?

7. quid est, mī domine: quid facis?
    quārē mē ex aedibus expellis?

STAPHYLA   *(ex aedibus exit et in scaenam intrat)* quid est, mī domine?
        quid facis? quārē mē ex aedibus expellis? serua tua sum. quārē   130
        mē uerberās, domine?

EVC.   tacē! tē uerberō quod mala es, Staphyla.

STAPH. egone mala? cūr mala sum? misera sum, sed nōn mala,
domine. (*sēcum cōgitat*) sed tū īnsānus es!

EVC. tacē! exī statim! abī etiam nunc...etiam nunc...ohē! stā!   135
manē! (*Ecuclīō sēcum cōgitat*) periī! occidī! ut mala mea serua
est! nam oculōs in occipitiō habet. ut thēsaurus meus mē
miserum semper uexat! ut thēsaurus multās cūrās dat! (*clāmat
iterum*) manē istīc! tē moneō, Staphyla!

STAPH. hīc maneō ego, mī domine. tū tamen quō īs?   140

EVC. ego in aedīs meās redeō (*sēcum cōgitat*) et thēsaurum meum
clam uideō. nam fūrēs semper in aedīs hominum dīuitum
ineunt...

(*Ecuclīō ē scaenā abit et in aedīs redit*)

STAPH. ō mē miseram! dominus meus īnsānus est. per͡noctem   145
numquam dormit, sed peruigilat; per͡diem mē ex aedibus
semper expellit. quid in animō habet? quārē senex tam īnsānus
est?

(*Ecuclīō tandem ex aedibus exit et in scaenam redit.*)

EVC. (*sēcum cōgitat*) dī mē seruant! thēsaurus meus saluus est! (*clāmat*)   150
nunc, Staphyla, audī et operam͡dā! ego tē moneō. abī intrō et
iānuam occlūde. nam ego nunc ad praetōrem abeō — pauper
enim sum. sī uidēs arāneam, arāneam seruā. mea enim arānea
est. sī uīcīnus adit et ignem rogat, ignem statim exstingue. sī
uīcīnī adeunt et aquam rogant, respondē 'aquam numquam in   155
aedibus habeō.' sī uīcīnus adit et cultrum rogat, statim
respondē 'cultrum fūrēs habent.' sī Bona Fortūna ad aedīs it,
prohibē!

STAPH. Bona Fortūna numquam ad tuās aedīs adit, domine.

EVC. tacē, serua, et abī statim intrō.   160

STAPH. taceō et statim abeō. (*Staphyla abit et sēcum murmurat*)   ō mē
miseram! ut Phaedra, fīlia Ecucliōnis, mē sollicitat! nam grauida
est Phaedra ē͡Lycōnidē,͡uīcīnō Ecucliōnis. senex tamen
ignōrat, et ego taceō, neque cōnsilium habeō.

(*exit ē scaenā Staphyla*)   165

(*Euclio now describes how, albeit reluctantly, he is going to the forum to
collect his praetor's free hand-out — to allay suspicions that he is wealthy*)

EVC. nunc ad praetōrem abeō, nimis hercle inuītus. nam praetor
hodiē pecūniam in͡uirōs dīuidit. sī ad forum nōn eō, uīcīnī
meī 'hem!' inquiunt, 'nōs ad forum īmus, Ecuclīō ad forum
nōn it, sed domī manet. aurum igitur domī senex habet!' nam
nunc cēlō thēsaurum sēdulō, sed uīcīnī meī semper adeunt,   170

cōnsistunt, 'ut⌢uālēs, Eucliō?' inquiunt, 'quid⌢agis?' mē
miserum! ut cūrās thēsaurus meus dat multās!

Section 1 D

The scene changes. Enter a neighbour of Euclio's, Megadorus, with his sister,
Eunomia. (It is Eunomia's son, Lyconides, who has made Phaedra
pregnant — but no one knows this except Staphyla.) Eunomia is eager for
Megadorus to marry, and his thoughts turn to his neighbour's pretty daughter.

drāmatis persōnae
Megadōrus, uīcīnus Eucliōnis et frāter Eunomiae: uir dīues.
Eunomia, soror Megadōrī.

(Lyconidēs fīlius Eunomiae est)   175
est uīcīnus Eucliōnis. nōmen uīcīnī Megadōrus est. Megadōrus
sorōrem habet. nōmen sorōris Eunomia est. Megadōrus igitur
frāter Eunomiae est, Eunomia soror Megadōrī. Eunomia fīlium
habet. nōmen fīlī Lyconidēs est. amat Lyconidēs Phaedram, Eucliōnis
fīliam. Lyconidēs Phaedram amat, Phaedra Lyconidem.   180
(*Eunomia Megadōrum ex aedibus in scaenam dūcit*)

MEGADŌRVS optima fēmina, dā mihi manum tuam.

EVNOMIA   quid dīcis, mī frāter? quis est optima? fēminam enim
        optimam nōn uideō. dīc mihi.

MEG.   tū optima es, soror mea: tē optimam habeō.   185

EVN.   egone optima? tūne mē ita optimam habēs?

MEG.   ita dīcō.

EVN.   ut tū mē optimam habēs fēminam, ita ego tē frātrem habeō
        optimum. dā igitur mihi operam.

MEG.   opera mea tua est. iubē, soror optima, et monē: ego audiō.   190
        quid uīs? cūr mē ab aedibus dūcis? dīc mihi.

EVN.   mī frāter, nunc tibi dīco. uxōrem nōn habēs.

MEG.   ita est. sed quid dīcis?

EVN.   sī uxōrem nōn habēs, nōn habēs līberōs. sed uxōrēs uirōs
        semper cūrant seruantque et pulchrī līberī monumenta   195
        pulchra uirōrum sunt. cūr uxōrem domum nōn statim dūcis?

MEG.   periī, occidī! tacē, soror. quid dīcis? quid uīs? ego dīues sum;
        uxōrēs uirum dīuitem pauperem statim faciunt.

EVN.   ut tū frāter es optimus, ita ego fēmina sum optima, sororque
        optima tua. tē ita iubeō moneōque: dūc domum uxōrem!   200

MEG.   sed quam in animō habēs?

8. cūr uxōrem domum nōn statim dūcis?

EVN.   uxōrem dīuitem.

MEG.   sed dīues sum satis, et satis pecūniae aurīque habeō. praetereā
uxōrēs dīuitēs domī nimis pecūniae aurīque rogant. nōn amō
uxōrum dīuitum clāmōrēs, imperia, eburāta uehicula, pallās,   205
purpuram. sed...

EVN.   dīc mihi, quaesō, quam uīs uxōrem?

MEG.   (*sēcum cōgitat, tum...*) puella uīcīna, Phaedra nōmine, fīlia
Eucliōnis, satis pulchra est...

EVN.   quam dīcis? puellamne Eucliōnis? ut tamen pulchra est, ita est   210
pauper. nam pater Phaedrae pecūniam habet nūllam. Ecliō
tamen, quamquam senex est nec satis pecūniae aurīque habet,
nōn malus est.

MEG.   sī dīuitēs uxōrēs sunt dōtemque magnam habent, post nūptiās
magnus est uxōrum sūmptus: stant fullō, phrygiō, aurifex,   215
lānārius, caupōnēs flammāriī; stant manuleāriī, stant propōlae
linteōnēs, calceolāriī; strophiāriī adstant, adstant simul sōnāriī.
pecūniam dās, abeunt. tum adstant thȳlacistae in aedibus,
textōrēs limbulāriī, arculāriī. pecūniam dās, abeunt.
intolerābilis est sūmptus uxōrum, sī dōtem magnam habent.   220
sed sī uxor dōtem nōn habet, in potestāte uirī est.

EVN.   rēctē dīcis, frāter. cūr nōn domum Eucliōnis adīs?

9. strophiāriī adstant, adstant simul sōnāriī.

MEG.   adeō. ecce, Eucliōnem nunc uideō. ā forō redit.
EVN.   ualē, mī frāter.
(*exit ē scaenā soror Megadōrī*)   225
MEG.   et tū ualē, soror mea.

Section 1 E

Euclio, back from the forum, meets Megadorus, is highly suspicious of his
motives, but finally agrees to a dowry-less marriage for Phaedra. Staphyla is
horrified when she hears.

(*abit ā forō in scaenam Eucliō*)
EVCLIŌ   (*sēcum cōgitat*) nunc domum redeō. nam ego sum hīc, animus
         meus domī est.
MEGADŌRVS   saluē Eucliō, uīcīne optime.   230
EVC.   (*Megadōrum uidet*) et tū, Megadōre. (*sēcum cōgitat*) quid uult
         Megadōrus? quid⏜cōnsilī habet? cūr homo dīues pauperem
         blandē salūtat? quārē mē uīcīnum optimum dīcit? periī!
         aurum meum uult!
MEG.   tū bene ualēs?   235

EVC. pol ualeō, sed nōn ualeō â pecūniā. nōn satis pecūniae habeō, et
      paupertātem meam aegrē ferō.

MEG. sed cūr tū paupertātem tuam aegrē fers? sī animus aequus est,
      satis habēs.

EVC. periī! occidī! facinus Megadōrī perspicuum est: thēsaurum   240
      meum certē uult!

MEG. quid tū dīcis?

EVC. (*startled*) nihil. paupertās mē uexat et cūrās dat multās.
      paupertātem igitur aegrē ferō. nam fīliam habeō pulchram, sed
      pauper sum et dōtem nōn habeō.   245

MEG. tacē. bonum habē animum, Euclio, et dā mihi operam.
      cōnsilium enim habeō.

EVC. quid cōnsilī habēs? quid uīs? (*sēcum cōgitat*) facinus nefārium!
      ō scelus! nōn dubium est! pecūniam uult meam! domum statim
      redeō. ō pecūniam meam!   250

(*exit ē scaenā in aedīs Euclio*)

MEG. quō abīs? quid uīs? dīc mihi.

EVC. domum abeō...

(*Euclio exit. mox in scaenam redit*)

      dī mē seruant, salua est pecūnia. redeō ad tē, Megadōre. dīc   255
      mihi, quid nunc uīs?

MEG. ut tū mē, ita ego tē cognōuī. audī igitur. fīliam tuam uxōrem
      poscō. prōmitte!

EVC. quid dīcis? cuius fīliam uxōrem uīs?

MEG. tuam.   260

EVC. cūr fīliam poscis meam? irrīdēsne mē, homo dīues hominem
      pauperem et miserum?

MEG. nōn tē irrīdeō. cōnsilium optimum est.

EVC. tū es homo dīues, ego autem pauper; meus ōrdō tuus nōn
      est. tū es quasi bōs, ego quasi asinus. sī bōs sīc imperat 'asine,   265
      fer onus', et asinus onus nōn fert, sed in lutō iacet, quid bōs
      facit? asinum nōn respicit, sed irrīdet. asinī ad boūes nōn facile
      trānscendunt. praetereā, dōtem nōn habeō. cōnsilium igitur
      tuum nōn bonum est.

MEG. sī uxōrem puellam pulchram habeō bonamque, satis dōtis habeō,   270
      et animus meus aequus est satis. satis dīues sum. quid opus
      pecūniae est? prōmitte!

EVC. prōmittō tibi fīliam meam, sed nūllam dōtem. nūllam enim habeō
      pecūniam.

MEG. ita est ut uīs. cūr nōn nūptiās statim facimus, ut uolumus? cūr   275 nōn coquōs uocāmus? quid dīcis?

EVC.   hercle, optimum est. ī, Megadōre, fac nūptiās, et fīliam meam
          domum dūc, ut uīs — sed sine dōte — et coquōs uocā. ego enim
          pecūniam nōn habeō. ualē.

MEG.   eō. ualē et tū.   280
(*exit ē scaenā Megadōrus*)

EVC.   dī immortālēs! pecūnia uērō ualet. nōn dubium est: pecūniam
          meam uult Megadōrus. heus tū, Staphyla! tē uolō! ubi es,
          scelus? exīsne ex aedibus? audīsne mē? cūr in aedibus manēs?

(*ex aedibus in scaenam intrat Staphyla*)   285

          hodiē Megadōrus coquōs uocat et nūptiās facit. nam hodiē
          uxōrem domum dūcit fīliam meam.

STAPH. quid dīcis? quid uultis et tū et Megadōrus? ō puellam
          miseram! subitum est nimis. stultum est facinus!

EVC.   tacē et abī: fac omnia, scelus, fer omnia! ego ad forum abeō.   290
(*exit Eucliō*)

STAPH. nunc facinora sceleraque Lycōnidis patent! nunc exitium
          fīliae Eucliōnis adest. nam hodiē grauidam domum dūcit
          uxōrem Megadōrus, neque cōnsilium habeō ego. periī!

Section 1F

Pythodicus the head cook allots cooks to Euclio's and Megadorus' houses. The
cook who goes to Euclio's house gets short shrift from the suspicious Euclio.

(*omnēs coquī intrant. nōmina coquōrum Pȳthodicus, Anthrax, Congriō sunt.*   295
Pȳthodicus dux coquōrum est)

PȲTHODICVS   īte, coquī! intrāte in scaenam, scelera! audīte! dominus
          meus nūptiās hodiē facere uult. uestrum igitur opus est cēnam
          ingentem coquere.

                          10. omnēs coquī intrant.

CONGRIŌ   cuius fīliam dūcere uult?   300
PȲTH.   fīliam uīcīnī Eucliōnis, Phaedram.
ANTHRAX   dī immortālēs, cognōuistisne hominem? lapis nōn ita est
    āridus ut Eucliō.
PȲTH.   quid dīcis?
ANTH.   dē ignī sī fūmus forās exit, clāmat 'mea pecūnia periit! dūc mē   305
    ad praetōrem!' ubi dormīre uult, follem ingentem in ōs
    impōnit, dum dormit.
PȲTH.   quārē?
ANTH.   animam āmittere nōn uult. sī lauat, aquam profundere nōn
    uult. et apud tōnsōrem praesegmina āmittere nōn uult, sed   310
    omnia colligit et domum portat.
PȲTH.   nunc tacēte et audīte, coquī omnēs. quid uōs facere uultis?
    cuius domum īre uultis, scelera? quid tū uīs, Congriō?
CON.   uolō ego domum uirī dīuitis inīre...
OMNĒS COQVĪ   nōs omnēs domum Megadōrī, uirī dīuitis, inīre   315
    uolumus, nōn domum Eucliōnis, uirī pauperis et trīstis.
PȲTH.   ut Eucliō uōs uexat! nunc tacēte uōs omnēs. *(to Anthrax)* tū abī
    domum Megadōrī; *(to Congrio)* tū, domum Eucliōnis.
CON.   ut uexat mē Eucliōnis paupertās! nam Eucliō, scīmus, auārus
    et trīstis est. in aedibus nīl nisi ināniae et arāneae ingentēs sunt.   320
    nihil habet Eucliō, nihil dat. difficile est igitur apud Eucliōnem
    cēnam coquere.

11. coquī auferunt omnia bona!
    fūrēs sunt coquī omnēs!

PȲTH.   stultusne es, Congriō? facile enim est apud Eucliōnem cēnam
    coquere. nam nūlla turba est. sī͡quid uīs, ex aedibus tuīs tēcum
    portā: nam nihil habet Eucliō! sed Megadōrus dīues est. apud   325

Megadōrum est ingēns turba, ingentia uāsa argentea, multae
uestēs, multum aurum. sī⁀quid seruī āmittunt, clāmant
statim 'coquī auferunt omnia bona! fūrēs sunt coquī omnēs!
comprehendite coquōs audācīs! uerberāte scelera!' sed apud
Eucliōnem facile est nihil auferre: nihil enim habet! ī mēcum,   330
scelerum caput!

CON.   eō.

12. attatae! cīuēs omnēs date uiam!
    periī, occidī ego miser!

(*Congrio drags himself off grudgingly to Euclio's house, with his cooks. In
seconds he comes rushing out again*)

CON.   attatae! cīuēs omnēs, date uiam! periī, occidī ego miser!
EVC.   (*calling to him from the house*) ō scelus malum! redī, coque! quō
       fugis tū, scelerum caput? quārē?   335
CON.   fugiō ego quod mē uerberāre uīs. cūr clāmās?
EVC.   quod cultrum ingentem habēs, scelus!
CON.   sed ego coquus sum. nōs omnēs coquī sumus. omnēs igitur cultrōs
       ingentīs habēmus.
EVC.   uōs omnēs scelera estis. quid⁀negōtī est in aedibus meīs? uolō scīre   340
       omnia.
CON.   tacē ergō. ingentem coquimus cēnam. nūptiae enim hodiē fīliae
       tuae sunt.
EVC.   (*sēcum cōgitat*) ō facinus audāx! mendāx homo est: omne

meum aurum inuenīre uult. (*out loud*) manēte, coquī omnēs.   345
stāte istīc.

(*Eucliō domum intrat. tandem domō exit et in scaenam intrat. aulam in manibus fert*)

EVC.   (*sēcum cōgitat*) nunc omnem thēsaurum in hāc aulā ferō. omne hercle aurum nunc mēcum semper portābō. (*out loud*) īte   350
omnēs intrō. coquite, aut abīte ab aedibus, scelera!

(*abeunt coquī. Eucliō sēcum cōgitat*)

facinus audāx est, ubi homo pauper cum dīuite negōt-
ium⁀habēre uult. Megadōrus aurum meum inuenīre et
auferre uult. mittit igitur coquōs in meās aedīs. 'coquōs'   355
dīcō, sed fūrēs sunt omnēs. nunc quid cōnsilī optimum est?
mē miserum!

13. ecce! fānum uideō. quis deus fānī est?

Section 1 G

*Euclio now looks around for a place to hide his gold safely outside the house.
He settles on the shrine of* Fidēs (*'Trust', 'Credit'*) — *but unknown to him,
he is overheard by a neighbouring slave, Strobilus.*

EVC.   ecce! fānum uideō. quis deus fānī est? ā. Fidēs est. dīc mihi,
Fidēs, tūne uīs mihi custōs bona esse? nam nunc tibi ferō
omne aurum meum; aulam aurī plēnam bene custōdī, Fidēs!   360
prohibē fūrēs omnēs. nunc fānō tuō aurum meum crēdō.
aurum in fānō tuō situm est.

(*Eucliō in aedīs redit. in scaenam intrat Strobīlus seruus. omnia Eucliōnis uerba audit*)

STROBĪLUS   dī immortālēs! quid audiō? quid dīcit homo? quid facit?   365
aurumne fānō crēdit? aurumne in fānō situm est? cūr in
fānum nōn ineō et aurum hominī miserō auferō?

(Strobīlus in fānum init. Eucliō autem audit et domō exit. Strobīlum in fānō inuenit)

EVC.   ī forās, lumbrīce! quārē in fānum clam inrēpis? quid mihi ā   370
                fānō aufers, scelus? quid facis?

(Eucliō statim hominī plāgās dat.)

STRO.   quid tibi negōtī mēcum est? cūr mē uerberās?

EVC.   uerberābilissime, etiam mē rogās, fūr, trifūr? quid mihi ā fānō
                aufers?   375

STRO.   nīl tibi auferō.

EVC.   age, redde statim mihi.

STRO.   quid uīs mē tibi reddere?

EVC.   rogās?

STRO.   nīl tibi auferō.   380

EVC.   age, dā mihi.

STRO.   nīl habeō. quid uīs tibi?

EVC.   ostende mihi manum tuam.

STRO.   tibi ostendō.

EVC.   age, manum mihi ostende alteram.   385

STRO.   em tibi.

EVC.   uideō. age, tertiam quoque ostende.

STRO.   homo īnsānus est!

EVC.   dīc mihi, quid ā fānō aufers?

STRO.   dī mē perdunt! nīl habeō, nīl ā fānō auferō!   390

EVC.   age rūrsum mihi ostende manum dextram.

STRO.   em.

EVC.   nunc laeuam quoque ostende.

STRO.   ecce ambās prōferō.

EVC.   redde mihi quod meum est!   395

STRO.   dīc mihi, quid mē uīs tibi reddere?

EVC.   certē habēs.

STRO.   habeō ego? quid habeō?

EVC.   nōn tibi dīcō. age, redde mihi.

STRO.   īnsānus es!   400

(Euclio gives up)

EVC.   periī. nīl habet homo. abī statim, scelus! cūr nōn abīs?

STRO.   abeō.

(Eucliō in fānum init. aurum inuenit, et ē fānō portat. in alterō locō clam cēlat)

(But Strobilus, determined to get revenge on Euclio, has kept an eye on Euclio, and this time steals the gold without giving himself away.)

Euclio enters in a paroxysm of grief and anger. After vainly appealing to the
spectators for help, he is met by Lyconides, the young man responsible for
Phaedra's pregnancy (though Euclio does not know it). Phaedra has, in fact,
given birth, so the marriage with Megadorus is off, and Lyconides has decided
it is time to confess all to Euclio and ask for Phaedra's hand in marriage. A
delightful misunderstanding arises as to who has 'laid his hands' on
what...

EVC.   occidī, periī! quō currō? quō nōn currō? (*spectātōribus*) tenēte,   405
        tenēte fūrem! sed quī fūr est? quem fūrem dīcō? nesciō, nīl
        uideō, caecus eō. quis aulam meam aurī plēnam aufert mihi?
        (*spectātōribus*) dīcite mihi, spectātōrēs, quis aulam habet?
        nescītis? ō mē miserum!

(*in scaenam intrat Lycōnidēs, iuuenis summā‿pulchritūdine, nūllā‿continentiā*)   410
LYCŌNIDĒS   quī homo ante aedīs nostrās plōrat? edepol, Eucliō est,
        Phaedrae pater. certē ego periī. nam Eucliō uir summā‿uirtūte
        est; certō omnia dē fīliā scit. quid mihi melius est facere?
        melius est mihi abīre an manēre? edepol, nesciō.

EVC.   heus tū, quis es?   415
LYC.   ego sum miser.
EVC.   immō ego sum.
LYC.   es bonō animō.
EVC.   quid mihi dīcis? cūr mē animō bonō esse uīs?
LYC.   facinus meum est, fateor, et culpa mea.   420
EVC.   quid ego ex tē audiō?
LYC.   nīl nisi uērum. facinus meum est, culpa mea.
EVC.   ō scelus, cūr tū tangis quod meum est?
LYC.   nesciō. sed animō aequō es! mihi ignōsce!
EVC.   uae tibi! iuuenis summā‿audāciā, nūllā‿continentiā es! cūr tū   425
        quod meum est tangis, impudēns?
LYC.   propter uīnum et amōrem. animō aequō es! mihi ignōsce!
EVC.   scelus, impudēns! nimis uīle uīnum et amor est, sī ēbriō licet
        quiduīs facere.
LYC.   sed ego iuuenis summā‿uirtūte sum, et habēre uolō quod   430
        tuum est.
EVC.   quid dīcis mihi? impudēns, statim mihi refer quod meum
        est.
LYC.   sed quid uīs mē tibi referre?
EVC.   id‿quod mihi aufers.   435
LYC.   sed quid est? nīl tibi auferō! dīc mihi, quid habeō quod
        tuum est?

EVC.   aulam aurī plēnam dīcō! redde mihi!

So the truth on both sides slowly creeps out. Lyconides gets his girl, and then recovers the gold from Strobilus (who is his servant). Here the manuscript breaks off, but from the few remaining fragments it looks as if the marriage with Lyconides is ratified, and Euclio has a change of heart and gives the happy couple the gold as a wedding gift.

14. Comic scene.

Euclio is, in many ways, one of Plautus' finest characters. While we do not know on which play of Menander Plautus based his *Aululāria*, we do possess a play of Menander's which has a number of similarities. This play is *Dyskolos* (in Greek, Δύσκολος), 'The Bad-tempered Man'. Here is part of the introduction spoken by Pan, the local god of the neighbourhood in which the play is set. You may wish to identify common elements in Plautus and Menander and then look for contrasts.

(*Enter Pan from the shrine*)

PAN   Our scene is set in Attica at Phylae; I've just come out of the shrine of the Nymphs, a famous holy place belonging to the Phylasians and those who manage to cultivate the rocks here. In the farm here on the right lives an old man called Knemon,

something of a recluse, always grumpy, hates crowds.
'Crowds' indeed — he's getting on in years and has never in
his life spoken a kind word to a soul. He never has a greeting
for anyone, except for me, his neighbour, Pan; and he is
bound to greet me as he passes, though I know he always
wishes he didn't have to. The old man lives alone here with
his daughter and an old servant. He's always at work fetching
logs and digging away. He hates everyone from his
neighbours here and his wife down to the villagers of
Kholargos over there, the whole lot of them. The girl is as
sweetly simple as her upbringing, with never a thought of
wrong. She serves the Nymphs, my companions, with
devoted reverence, which makes us want to look after her.

　　Now there's a young man whose father farms some very
valuable land around here. The young man lives in town, but
came down with a sporting friend to hunt and happened to
come to this very spot. So I made him fall madly in love with
the girl.

　　Well, that's the plot in outline. You can see the details if
you stay to watch, as I beg you to.

　　But I think I see our young lover and his sporting friend,
coming along and talking together about the affair.

*(Later on, a sacrifice is being prepared at Pan's shrine, and Getas, a cook,
finds all his helpers drunk, and himself minus a saucepan. He knocks on
Knemon's door — with predictable results)*

GETAS　You say you've forgotten the saucepan? You've all got
　　　　hangovers and are only half awake. Well, what are we to do
　　　　now? It looks as if we must disturb the god's neighbours.
(He knocks at Knemon's door)
　　　　Hi there! They are the worst set of maids I know. Hullo
　　　　there! They don't know about anything except sex — come on
　　　　girls, be good — and of course a bit of blackmail if they're
　　　　caught at it. What's wrong? Are none of the servants in? Ah!
　　　　I think I hear someone hurrying to the door.
(Knemon opens the door)
KNE.　What are you banging on the door for, damn you?
GET.　Don't bite my head off.

KNE.   By God I will, and eat you alive too.

GET.   No, for God's sake don't.

KNE.   Do I owe you anything, you scum?

GET.   Nothing at all. I haven't come to collect a debt or serve a subpoena. I want to borrow a saucepan.

KNE.   A saucepan?

GET.   Yes, a saucepan.

KNE.   You scoundrel, do you suppose that I sacrifice cattle and all the rest of it, like you?

GET.   I don't suppose you'd sacrifice so much as a snail. Goodbye, my dear chap. The women told me to knock at the door and ask. That's what I did. No result. I'll go back and tell them. God almighty, the man's a viper with grey hair.

(*Exit Getas to shrine*)

KNE.   They're man-eaters, the lot of them; knocking on the door as if I was a friend of theirs. Let me catch anyone coming to our door again and if I don't make an example of him to the neighbours, you can call me a nobody. How that fellow got away with it just now, I don't know.

(*Exit Knemon into his house: enter Getas from the shrine followed by Sikon*)

SIK.   Be damned to you. He was rude to you was he? I bet you talked like a stinker. Some people simply don't know how to manage these things. I've learned how to do it. I cook for thousands of people in town. I pester their neighbours and borrow cooking utensils from all of them. If you want to borrow from someone you must butter him up a bit. Suppose an old man opens the door; I call him 'Dad' or 'Grandad'. If it's a middle-aged woman I call her 'Madam'. It it's one of the younger servants I call him 'Sir'. To hell with you and all this stupid shouting 'boy!'. I'd chat him up, like this. (*He knocks*) Here Daddy: I want you.

(*Knemon comes out*)

KNE.   What, you again!

SIK.   What's this?

KNE.   You are annoying me on purpose. Didn't I tell you to keep away? Pass me the strap, woman! (*Knemon beats Sikon*)

SIK.   Stop it: let me go.

KNE.   Not likely.

SIK.   Oh please, for God's sake.

KNE.   Just you try coming here again.

SIK.   Go and drown yourself.

KNE.   Still blathering?

SIK.   Listen — I came to ask you for a large saucepan.

KNE.   I haven't got one. And I haven't got a chopper either, or salt or vinegar or anything else. I've told all the neighbours quite simply to keep away from me.

SIK.   You didn't tell me.

KNE.   But I'm telling you now.

SIK.   Yes, curse you. But couldn't you tell me where I can borrow one?

KNE.   Don't you hear me? Must you go on blathering?

SIK.   Well, cheers for now.

KNE.   I won't be cheered by anyone.

SIK.   Get lost, then.

KNE.   What unbearable rogues. (*Exit*)

SIK.   Well, *he* cut me up nicely.

There is much that is reminiscent of *Aulularia* throughout *Dyskolos*. The figure of the miser became a popular one in comedies of manners. Molière, writing for the royal court in seventeenth-century Paris, took up the theme in his *L'Avare*, on which Plautus' *Aulularia* had an obvious influence. In the following incident the miser, Harpagon, chases out of the house his valet, La Flèche. Compare the scene with Euclio and Staphyla in *Aulularia* 1 C, and look for further points of contact between the three playwrights.

HARPAGON   Get out at once, and don't answer back. Be off, you professional swindler.

LA FLÈCHE   (*aside*) I've never seen anything worse than this damned crook. He's a real old devil and no mistake.

HARP.   What are you muttering to yourself?

LA FL.   Why are you after me?

HARP.   It's not for you to ask why; get out quickly or I'll bash you.

LA FL.   But what have I done to you?

HARP.   Enough to make me want to be rid of you.

LA FL.   Your son's my master and he told me to wait for him.

HARP.   Go and wait in the street then. And don't stick around in my house as if rooted to the spot, watching what goes on and taking advantage of everything. I don't want a perpetual spy watching my affairs, keeping a treacherous eye on all I do, eating up all I have, and poking about everywhere to see what he can steal.

LA FL.   And how the devil do you think anyone is going to steal from you? You don't give a thief much chance, locking everything up and standing guard day and night.

HARP.   I'll lock up what I please and stand guard when I like. Can't you see I'm surrounded by spies watching everything I do? (*aside*) I'm terrified that he may have some suspicions about my money. (*aloud*) You're just the sort of person to spread rumours that I've money hidden.

LA FL.   Well, have you money hidden?

HARP.   No, you impertinent rogue, I said nothing of the sort. (*aside*) How he infuriates me. (*aloud*) I insist that you don't spread malicious rumours that I have.

LA FL.   Bah! It's all the same to us whether you have or not.

HARP.   (*lifting a hand to hit him*) Don't you dare argue or I'll box your ears. I tell you again, get out.

LA FL.   Oh, all right: I'll go.

HARP.   Wait a minute. Are you taking anything of mine with you?

LA FL.   What could I be taking?

HARP.   Come here so that I can see. Show me your hands.

LA FL.   Here they are.

HARP.   Now turn them over.

LA FL.   Turn them over?

HARP.   Yes.

LA FL.   There you are.

HARP.   (*pointing to La Flèche's breeches*) Anything in there?

LA FL.   Look for yourself.

HARP.   (*feeling the bottom of his breeches*) These fashionable breeches are just the thing for hiding stolen property. I should like to see someone hanged for inventing them.

(*After more in this vein La Flèche leaves and Harpagon continues*)

This good-for-nothing valet is a great nuisance and I hate the sight of him limping about. It's a great worry having a large sum of money in the house and one is lucky if one has one's money well invested and keeps only what one needs for current expenses. It's difficult to find a safe hiding-place anywhere in the house. As far as I'm concerned I don't trust strong-boxes and have no faith in them. They are simply an invitation to thieves, the thing they go for first. However, I'm not sure whether I was wise to bury in the garden the ten thousand crowns I was paid yesterday. Ten thousand crowns in gold is the sort of sum – (*Enter Elise and Cleante talking in low voices*) Oh God! I must have given myself away! My anger must have got the better of me. I do believe I have been talking aloud to myself!

Section 2
Plautus' *Bacchidēs*
('The Bacchises')

Two young friends, Mnesilochus and Pistoclerus, have fallen in love
with two sisters, each called Bacchis, who work in the local house of
ill repute ('Bacchides' means 'The Bacchises'). Mnesilochus' Bacchis
has been hired for one year by a wealthy soldier called Cleomachus,
and Mnesilochus needs money to buy her release. As usual in comedy,
the only source of finance is his ageing father, Nicobulus; and, as
usual, the tricky slave of the family, Chrysalus, succeeds in extorting
the money from Nicobulus and giving it to Mnesilochus. So far, so
good. But at this point Pistoclerus announces his love for Bacchis.
Mnesilochus, not knowing that there are *two* Bacchises, assumes that
Pistoclerus is in love with *his* Bacchis. So in a rage he hands back to
his father the money that Chrysalus extorted from him and reveals the
whole deception and Chrysalus' part in it. Then the truth
emerges – there are two Bacchises and Pistoclerus is in love with the
other one! In utter despair Mnesilochus turns to Chrysalus and begs
him to have another go at tricking Nicobulus. It is at this point that
the adapted extracts begin.

(The above is a broad outline of the story which is, in fact, far more
complex.)

N.B.   Four of these Greek names are especially significant. *Nicobūlus*
ironically means 'Victorious in counsel', *Chrȳsalus* means 'Goldie',
Cleomachus means 'Glorious fighter' and *Bacchis* means 'Bacchant', a
female worshipper of Bacchus, god of wine.

Section 2 A

Mnesilochus pleads with Chrysalus to deceive Nicobulus a second time.
Chrysalus is doubtful whether it can be done, especially as Mnesilochus told

*Nicobulus all about the earlier deception. But Chrysalus gets an idea and
dictates to Mnesilochus a letter for his father. He then tells the two friends to
disappear and make love to their women!*

drāmatis persōnae

Nīcobūlus, senex dīues, pater Mnēsilochī, uir summā grauitāte, nūllā
　　sapientiā.

Mnēsilochus, fīlius Nīcobūlī, amātor alterīus Bacchidis (1).

Pistoclērus, amīcus Mnēsilochī, amātor alterīus Bacchidis (2).

Chrȳsalus, seruus Nīcobūlī, homo summā astūtiā.　　　　　　　　　　5

Cleomachus, mīles, Bacchidis amātor alter (1).

(intrant Mnēsilochus, Pistoclērus, Chrȳsalus)

MNĒSILOCHVS　　audī mē, Chrȳsale. tū enim seruus magnā astūtiā,
　　　　　multō ingeniō es. uolō tē ad patrem meum alteram facere
　　　　　uiam. uolō tē senem doctum doctē fallere aurumque senī　　　10
　　　　　auferre. nōnne facile erit senem, uirum magnā stultitiā, nūllō
　　　　　ingeniō, dēcipere?

CHRȲSALVS　　nōn possum.

MNĒ.　　nōn potes? perge, ac facile poteris.

CHR.　　quōmodo, scelus, facile poterō? quis nunc potest ad senem　　15
　　　　　uiam facere alteram? semel dēcipere satis difficile est. nunc
　　　　　autem senex noster mē mendācem habet. bis igitur ego senem
　　　　　dēcipere nōn poterō. sed mālō uōs pecūniam habēre; senem
　　　　　pecūniam habēre nōlō.

MNĒ.　　sī nōs pecūniam habēre māuīs, senī dare nōn uīs, age,　　　　20
　　　　　Chrȳsale, fac omnia. perge, ac facile poteris.

CHR.　　sed omnia scit pater tuus, Mnēsiloche. quid facere possum?
　　　　　mē mendācem habet, et numquam mihi crēdet, etiamsī uirō
　　　　　dīcam 'nōlī mihi crēdere.'

PISTOCLĒRVS　　et multa mala, Chrȳsale, dē tē dīcit.　　　　　　25

CHR.　　quid dē mē dīcit pater tuus?

MNĒ.　　ita dē tē dīcit 'sī Chrȳsalus mihi "ecce, sōlem uideō" inquit,
　　　　　tum nōlō Chrȳsalō crēdere. nam nōn sōl erit, sed lūna. sī
　　　　　Chrȳsalus mihi "diēs est" inquit, nōlō crēdere. nam nox erit,
　　　　　nōn diēs.'　　　　　　　　　　　　　　　　　　　　　　　30

CHR.　　ita dīcit pater tuus? dī mē seruant! bonō animō este! dēcipiam
　　　　　hercle hominem facile hodiē! audīte. cōnsilium audāx habeō.
　　　　　sed prīmō dīcite mihi: quid māuultis? hodiē enim ego omnia
　　　　　facere possum.

MNĒ.　　mālumus hodiē et puellās et pecūniam habēre.　　　　　　35

15. dī mē seruant! bonō animō este!

CHR.   hodiē igitur et puellās et pecūniam ingentem habēbitis. ego
        enim uōbīs dabō. hodiē et puellae et pecūnia tuae erunt.

MNĒ.   tū nōbīs dabis? puellane mea erit? nōlō tē iocum facere. tē
        uēra dīcere mālō.

CHR.   iocum nōn faciō, hodiē enim pater pecūniam tibi dabit   40
        ingentem. hodiē tuam, Mnēsiloche, puellam habēbis, sīcut
        animus tuus spērat.

MNĒ.   puellamne habēbō meam? prōmittisne?

CHR.   ita prōmittō. rēs facilis erit. pater enim tibi omnia dabit.

PI.   tum uērō, Chrȳsale, ingentīs tibi grātiās agēmus. nunc quid nōs   45
        facere uīs? mālumus enim adiuuāre quam nīl facere.

CHR.   nīl nisi amāre uōs uolō. sed quantum aurī uōbīs habēre uultis?
        poscite, ego uōbīs dabō. nam nōmen est mihi Chrȳsalō. sed
        nunc quantum aurī uōbīs satis erit, Mnēsiloche? dīc mihi.

MNĒ.   nummōs ducentōs mihi dare tē uolō prō Bacchide.   50

CHR.   tibi dabō.

MNĒ.   sed nōn satis erunt nōbīs ducentī nummī, quod post uictōriam

16. ducentī nummī.

nōbīs sūmptus erit. nam post uictōriam sūmptūs magnōs
faciēmus.

CHR. prīmō dē ducentīs nummīs, tum dē sūmptū agam. facilia erunt   55
omnia mihi.

MNĒ. sed quid cōnsilī habēs? quid faciēs? dīc mihi. ego audīre uolō.

CHR. audiēs. dē ducentīs nummīs prīmum intendam ballistam in
senem nostrum. ballista sī dēlēbit turrim et prōpugnācula, per
portam inuādam statim in oppidum antīquum. sī oppidum   60
capiam, aurum uestrum ex oppidō auferētis in corbibus. tum
puellae dare poteris, sīcut animus tuus spērat, Mnēsiloche. rēs
facilis erit, uia plāna.

PI.   apud tē est animus noster, Chrȳsale.

CHR. sī uīs adiuuāre, abībis intrō, Pistoclēre, ad Bacchidem et   65
adferēs citō...

PI.   quid? dīc mihi, et ego statim faciam. quid adferam?

CHR. stilum, cēram, tabellās, līnum adferēs.

PI.   iam faciam.

(*exit ē scaenā ad Bacchidem Pistoclērus*)   70

MNĒ. quid nunc faciēs? dīc mihi.

CHR. tū Bacchidem tuam habēs: habetne Pistoclērus amīcam?

MNĒ. ita uērō, Bacchidem alteram.

CHR. tū alteram, Pistoclērus alteram habet Bacchidem? ubi est
biclīnium uestrum?   75

MNĒ. quid negōtī est? cūr scīre uīs?

CHR. nescīs cōnsilium meum, sed ingēns erit.

MNĒ. dā mihi manum tuam ac uenī mēcum ad forēs.

CHR.   ecce, manus mea. dūc.

(*Chrȳsalus manum suam Mnēsilochō dat et ad forēs adit*)   80

MNĒ.   intrō īnspice.

CHR.   euax! nimis bellus est locus, ita ut esse uolumus.

(*redit Pistoclērus in scaenam*)

PI.   ut tu iubēs, ita ego faciō.

CHR.   quae habēs?   85

PI.   omnia habeō. stilum, cēram, tabellās, līnum ferō.

CHR.   bene. nunc tū, Mnēsiloche, stilum capiēs.

MNĒ.   quid posteā?

CHR.   ego dīcam, tū scrībēs dicta mea. nam tē scrībere mālō, quod
        sīc pater tuus litterās cognōscet, ubi leget. bonō animō es!   90
        scrībe!

MNĒ.   quās rēs scrībam?

CHR.   ego iubēbō. scrībe 'Mnēsilochus patrem salūtat. nunc, pater,
        nōlō Chrȳsalum tē iterum dēcipere. nam...'

PI.   manē dum scrībit. nimis celeriter dīcis, Chrȳsale.   95

CHR.   manūs amātōrum celerēs esse dēbent.

MNĒ.   celeris mea manus est, Chrȳsale.

PI.   immō celerem habēbis manum, ubi pecūniam in manū tenēbis!

MNĒ.   dīc.

CHR.   'nam, pater mī, Chrȳsalus astūtiās compōnit, quod tē iterum   100
        dēcipere uult. nam aurum tibi auferre uult et "hodiē" inquit
        "aurum senī stultō auferam."' adscrībe.

MNĒ.   adscrībam. dīc modo.

CHR.   'atque "hodiē" inquit "aurum tibi dabō, Mnēsiloche, tū
        aurum amīcīs dare poteris." sed, pater, tē cauēre iubeō.'   105

(*Chrȳsalus tacet dum scrībit Mnēsilochus*)

MNĒ.   dīc modo.

CHR.   adscrībe etiam...

(*Chrȳsalus nīl dīcit, sed sēcum cōgitat*)

MNĒ.   dīc modo, ego scrībam.   110

CHR.   'sed pater, nōlō tē Chrȳsalum uerberāre. tē Chrȳsalī manūs
        uincīre mālō, Chrȳsalum domī adseruāre.' dā tū cēram ac
        līnum. age, obligā, obsignā citō.

MNĒ.   obligābō, obsignābō.

(*obligat et obsignat tabellās Mnēsilochus*)   115

MNĒ.   obsecrō, cūr tū uīs mē tālīs litterās ad patrem mittere? quid
        cōnsilī habēs? quid ūsus erit, sī pater meus cauēbit et tē uinciet
        et adseruābit domī?

CHR.   quia ita rem esse uolō. nōnne potes tū tē cūrāre? ego officium
       meum cūrābō. dā tabellās.   120
MNĒ.   accipe.
CHR.   animum aduertite, Mnēsiloche et tū, Pistoclēre. iam in biclīnio
       cum amīcīs uestrīs uōs accumbere uolō. nōlīte exsurgere,
       donec signum dabō. uōs officium cūrāte uestrum, ego meum
       cūrābō.   125
MNĒ.   ō imperātōrem probum...
PI.   ac seruum audācem!
CHR.   iam amīcās amāre dēbētis.
MNĒ.   fugimus!
(*exeunt ad biclīnium Mnēsilochus et Pistoclērus*)   130

Section 2B

*Chrysalus summons up his confidence and, in the hope that the old father
Nicobulus will be furious with him, prepares to face him and hand over the
letter. Nicobulus, believing its contents, has Chrysalus bound, but Chrysalus
drops a number of hints that all is not as it should be with Mnesilochus. The
bewildered Nicobulus demands to know what the problem is, and Chrysalus
leads him to the Bacchises' establishment.*

CHR.   uōs uestrum cūrāte officium, ego cūrābō meum. (*sēcum loquitur
       Chrȳsalus*) magnum, immō īnsānum persequor negōtium. opus
       mihi audāx est ac satis difficile. poterōne rem tam difficilem
       hodiē perficere? at seruus sum magnā astūtiā, summō ingeniō,
       Nīcobūlus senex nūllā sapientiā. cūr mēcum sīc loquor? rem   135
       agere, nōn loquī necesse est.
           sed nunc senem saeuum esse uolō. nam astūtiās meās haud
       facile perficiam, sī senex tranquillus erit ubi litterās in manūs
       dabō. sī saeuus erit, ego senem tam frīctum faciam quam cicer.
       adībō ad aedīs. tum, ubi exībit, statim tabellās dabō senī in   140
       manum.
(*Nīcobūlus domō in scaenam ēgreditur, et sēcum loquitur*)
NĪCOBŪLVS   īrāscor quia Chrȳsalum inuenīre nōn possum. sed sī
       scelus capiam, uerberābō.
CHR.   (*sēcum loquitur*) saluus sum, īrātus est senex. nunc ad hominem   145
       adgredior.
NĪC.   quis loquitur prope? Chrȳsalus est, ut opīnor.
CHR.   (*sēcum loquitur*) adībō.

(Chrȳsalus ad senem adgreditur)

NĪC.   bone serue, saluē. tacēs? quārē? nōlī tacēre, scelerum caput, sed   150
loquere. nam omnia sciō scelera tua ex Mnēsilochō.

CHR.   mēne accūsat Mnēsilochus? egone sum malus, scelestus? spectā
rem modo: ego tacēbō.

NĪC.   quam rem loqueris, scelerum caput? mināris mihi? nōlī mihi
minārī, Chrȳsale, tē moneō.   155

CHR.   nōn minor tibi, domine. mox cognōscēs tū fīlī tuī mōrēs: sīc
polliceor. nunc cape tabellās. nam Mnēsilochus tabellās mē
ferre iubet atque in manūs tuās dare. uult tē legere et omnia
uerba perficere.

NĪC.   dā.   160

CHR.   accipe. cognōsce signum.

NĪC.   Mnēsilochī signum est. sed ubi est fīlius meus?

CHR.   nesciō.

(Nĭcobŭlus tabellās legit. intereā Chrȳsalus sēcum loquitur)

oblīuīscor omnia. nīl recordor. nescius sum omnium rērum.   165
sciō mēˆesse seruum. nesciō etiam idˆquod sciō. euge! nunc ā
trāsennā turdus noster lumbrīcum petit...

NĪC.   nōlī abīre, Chrȳsale. manē. nunc domum inībō; mox exībō
ad tē.

(Nĭcobŭlus ē scaenā domum ēgreditur)   170

CHR.   ō homo stulte! ut mē dēcipere cōnāris! sed uerbum nūllum
dīcam: senex ēgreditur.

(Nĭcobŭlus domō in scaenam prōgreditur. seruī cum Nĭcobŭlō ēgrediuntur)

NĪC.   sequiminī, seruī. uincī tū Chrȳsalī manūs statim.

CHR.   quid fit? quae rēs est? nōlī meās uincīre manūs, domine.   175

NĪC.   nōlī precārī, scelus. *(seruō)* tū impinge pugnum, sī uerbum
dīcet. *(Chrȳsalō)* in meā manū tabellās habeō Mnēsilochī. quid
loquuntur tabellae? utrum scīs annōn?

CHR.   quārē mē rogās? ut tū tabellās ā Mnēsilochō accipis, ita ad tē
obsignātās adferō.   180

NĪC.   eho, tū, scelerum caput. loquerisne tū 'ego hodiē aurum senī
stultō auferam'?

CHR.   egone ita loquor? nōn recordor. omnia oblīuīscor.

NĪC.   nōlī mentīrī. tū omnīs rēs bene recordāris, uerbum nūllum
oblīuīsceris.   185

CHR.   quis homo mea uerba sīc nūntiat?

NĪC.   nūllus homo, sed tabellae Mnēsilochī rem nūntiant. tabellae
mē tuās manūs uincīre iubent.

17. seruī, abdūcite Chrÿsalum intrō atque
    uincīte ad columnam fortiter.

CHR.   a! fīlius tuus mē Bellerophontem facit: nam ego tabellās
       ferō et propter tabellās tū mē uinciēs. ō stulte, stulte, nescius   190
       es omnium rērum. cauēre tē iubeō.
NĪC.   quid loqueris? cūr mē cauēre iubēs? respondē mihi!
CHR.   (*nōn respondet, sed senem irrīdet*) quem dī dīligunt adulēscēns
       moritur. sed Nīcobūlum nūllus deus dīligit: nam senex est
       uetustissimus; tantī est quantī fungus pūtidus.   195
NĪC.   seruī, abdūcite Chrÿsalum intrō atque uincīte ad columnam
       fortiter. (*Chrÿsalō*) numquam auferēs mihi aurum.
CHR.   at tū iam dabis.
NĪC.   dabō? ego numquam dabō, scelerum caput!
CHR.   atque iubēbis mē plūs aurī auferre. nam magnō in perīculō est   200
       fīlius tuus. tum Chrÿsalum līberāre uolēs, ubi rem sciēs. ego
       autem lībertātem numquam accipiam.
NĪC.   loquere, scelerum caput. quō in perīculō est fīlius meus?
CHR.   sequere mē. iam sciēs, ut opīnor.
NĪC.   sed quō tē sequor? nōlī tacēre, sed perge.   205
CHR.   pergam.
(*Nīcobūlus Chrÿsalum sequitur ad aedīs*)
       ecce. in aedīs īnspice.
(*Nīcobūlus intrō īnspicit*)
       uidēsne conuīuium? quōs uidēs in alterō lectō?   210
NĪC.   uideō in lectō alterō Pistoclērum et Bacchidem.

18. quōs uidēs in alterō lectō?

CHR.   dīc, precor, quī sunt in lectō alterō?
NĪC.   periī ego miser!

Section 2 C

As the appalled Nicobulus sees his son with Bacchis, enter Cleomachus.
Cleomachus, the soldier who paid 200 nummī to own Bacchis for a year, is
not over-pleased at hearing that Mnesilochus is enjoying her company, and he
is looking for revenge. As he utters his threats of vengeance against
Mnesilochus and Bacchis, Chrysalus convinces Nicobulus that the woman
whom Mnesilochus is currently enjoying is Cleomachus' wife. The terrified
Nicobulus begs Chrysalus to reach an agreement with Cleomachus. This
Chrysalus does, ingratiating himself yet further with Nicobulus by cursing
Cleomachus and swearing that Mnesilochus was never with his 'wife'
anyway.

CHR.	quis est ille homo? cognōuistīne illum?
NĪC.	cognōuī: ille Mnēsilochus est. 215
CHR.	dīc mihi, bellane tibi uidētur illa mulier esse?
NĪC.	admodum bella mihi illa uidētur.
CHR.	ā! quam pulchrae illae mulierēs sunt ambae. altera quam
	suāuis, quam lepida altera.
NĪC.	dīc mihi, precor, quis est illa mulier? 220
CHR.	quid opīnāris? meretrīx illa uidētur esse annōn?
NĪC.	plānē meretrīx est, ut ego arbitror.
CHR.	errās. illa meretrīx nōn est.

NĪC.   quis, obsecrō, illa est?

CHR.   sciēs mox...   225

(*Cleomachus, mīles et amātor Bacchidis alterīus, ingreditur. Chrȳsalum et Nīcobūlum nōn cōnspicātur. īrātus est, et sēcum loquitur*)

CLEOMACHVS.   Mnēsilochusne, fīlius Nīcobūlī, per uim retinēre meam mulierem cōnātur?

NĪC.   (*uerba Cleomachī audit*) quis ille est?   230

CHR.   (*sēcum loquitur*) dī mē seruant! ad tempus hic mīles uenit mihi!

CLE.   (*sēcum loquitur*) Mnēsilochus ille mē nōn mīlitem, sed mulierem arbitrātur. nōnne possum mulierem meam dēfendere? ego illum exanimum citō faciam, sī conueniam, et exhērēdem uītae!   235

NĪC.   Chrȳsale, quis ille est? quārē minātur fīliō meō?

CHR.   uir est illīus mulieris.

NĪC.   quid, uir?

CHR.   uir, inquam.

NĪC.   nūptane est illa, obsecrō?   240

CHR.   sciēs mox.

NĪC.   periī ego miser.

CHR.   quid nunc? scelestus tibi uidētur Chrȳsalus? egone malus? age nunc, uincī mē, audī fīlium tuum. nunc illīus mōrēs plānē cognōuistī!   245

NĪC.   quid nunc ego faciam?

CHR.   iubē hōs seruōs mē exsoluere citō. nam nisi tū mē exsoluēs, ille iam manifestō hominem opprimet.

CLE.   (*sēcum loquitur*) ut uolō illum cum illā manifestō opprimere! tum illōs necābō ambōs!   250

CHR.   audīsne illīus uerba? cūr tū hōs seruōs mē exsoluere nōn iubēs?

NĪC.   (*seruīs*) exsoluite hunc. periī miser. ut timeō!

(*seruī manūs Chrȳsalī exsoluunt*)

CLE.   (*sēcum loquitur*) tum illa mulier mē irrīdēre haud poterit.   255

CHR.   (*Nīcobūlō*) pacīscī cum illō poteris, sī illī pecūniam dabis...

NĪC.   pacīscere cum illō, obsecrō, quod uīs. cauē modo. nam mīlitem manifestō illōs opprimere atque necāre nōlō.

CHR.   adībō ad illum et faciam sēdulō.

(*ad mīlitem adgreditur: Nīcobūlus sermōnem illōrum audīre nōn potest*)   260
             heus tū, quid clāmās?

CLE.   ubi dominus tuus est?

CHR.   nusquam. nesciō. uīs mē tibi ducentōs nummōs iam pollicērī?

hōs nummōs prōmittam, sī tacēbis.

CLE.   nihil mālō quam illōs ducentōs nummōs.   265

CHR.   ergō nummōs prōmittam, sī tacēbis et faciēs quod ego iubēbō.

CLE.   ut arbitrāris, ita faciam.

(*Chrysalus speaks now out loud*)

CHR.   pater hic Mnēsilochī est. sequere, ille prōmittet tibi. tū illud
       aurum rogā.

(*Chrȳsalus mīlitem ad Nīcobūlum dūcit*)   270

NĪC.   quid fit?

CHR.   hic mīles ducentōs Philippōs accipiet.

NĪC.   seruās mē. quam mox dīcam 'dabō'?

CHR.   (*mīlitī*) rogā hunc tū, (*Nīcobūlō*) tū prōmitte huic nummōs.

NĪC.   prōmittō. rogā.   275

CLE.   dabisne ducentōs nummōs aureōs Philippōs?

CHR.   'dabō' loquere. respondē.

NĪC.   dabō.

CHR.   (*īrāscitur et mīlitem adloquitur*) quid nunc, impūre? quid uīs?
       suspicārisne Mnēsilochum esse cum illā muliere?   280

CLE.   immō est quoque.

CHR.   per Iouem Iunōnem Cererem Mineruam Lātōnam Spem
       Opem Virtūtem Venerem Castorem Pollūcem Mārtem
       Mercurium Herculem Summānum Sōlem Sāturnum deōsque

19. per Iouem Iunōnem Cererem Miner-
    uam . . . Virtūtem Venerem.

omnīs iūrō: ille cum illā neque cubat neque ambulat neque   285
ōsculātur.
NĪC.   ut iūrat seruus meus! seruant mē huius seruī periūria.
CLE.   ubi ergō nunc Mnēsilochus est?
CHR.   homo abest; illa autem aedem uīsit Mineruae. ī, uidē.
CLE.   abeō ad forum igitur.   290
CHR.   uel hercle in malam crucem.

(Chrysalus gets enthusiastic support from Nicobulus when he asks permission to rebuke Mnesilochus for behaving as he has done with Cleomachus' 'wife'. Chrysalus goes into the Bacchises' house and comes out a little later — with another letter!)

Section 2D

Chrysalus boasts how this letter will fleece Nicobulus of a further 200 nummī. He draws a long comparison between how the Greeks stormed Troy and took it, and how he, Chrysalus, will storm the old man and relieve him of a further sum of money. The old man reads the letter.

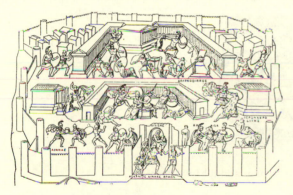

20. Atrīdae, ut fāma est, fēcērunt facinus maximum.

CHR.   Atrīdae, ut fāma est, fēcērunt facinus maximum. nam dī
aedificāuērunt oppidum Trōiam (rēx Trōiae Priamus fuit), sed
Atrīdae cum armīs, cum equīs, cum exercitū, cum optimīs
mīlitibus decimō‿annō cēpērunt. sed hoc opus nihilī fuit. nam   295
ego dominum expugnābō meum ūnā‿hōrā, sine exercitū, sine
mīlitibus! ō Trōia, ō patria, ō Pergamum, ō Priame senex,
periistī: nam tū miserē male āmīsistī ducentōs Philippōs, et

alterōs mox āmittēs ducentōs. nam ego hās tabellās obsignātās
attulī. immō nōn sunt tabellae, sed equus ligneus. ut Graecī   300
illō͡tempore equum ligneum contrā Trōiam mīsērunt, ita ego
hōc͡tempore hās tabellās contrā senem mittam. et, ut fuērunt
mīlitēs armātī in equō ligneō, sīc sunt litterae in hīs tabellīs. ita
rem bene adhūc gessī. atque hic equus nōn in arcem, sed in
arcam, faciet impetum, et aurum huic stultō senī dēlēbit.   305
nōmen senī igitur 'Īliō' faciam; ego sum Agamemnōn et
Vlixēs Lāertius, et nunc Īlium obsideō. Vlixēs, ut ego audīuī,
uir summā audāciā fuit, magnā astūtiā, summō ingeniō. ego et
audāx et astūtus sum. nam seruī Nīcobūlī mē uīnxērunt, sed
senem dēcēpī, et ita mē illō tempore seruāuī. haud   310
multō͡tempore post cum mīlite Cleomachō pugnāuī et
hominem fugāuī. ubi mīles fūgit, cum sene pugnāuī. illum ego
facile uīcī et statim spolia cēpī. nam Nīcobūlus ducentōs
nummōs prōmīsit et mox mīlitī dabit. nunc alterōs ducentōs
nummōs capere uolō. nam ut sūmptus magnus fuit, ubi   315
Atrīdae Īlium cēpērunt, ita sūmptus noster magnus erit! nam
ubi mīlitēs urbem capiunt, triumphāre dēbent.

21. nam ubi mīlitēs urbem capiunt, triumphāre dēbent.

(*Nīcobūlus domō ēgreditur*)
        sed Priamum ante portam cōnspicor. adībō.
NĪC.   quis est?   320
CHR.   ō Nīcobūle.
NĪC.   quid fit? ēgistīne illud opus?
CHR.   rogās? ēgī. congredere.
NĪC.   gradior. quid Mnēsilochō dīxistī? quid fēcit ille?
CHR.   optimus sum ōrātor. ad lacrimās coēgī hominem: tam   325
        uehementer illum castīgāuī atque maledīxī.

NĪC.   quid dīxit ille?

CHR.   uerbum nūllum fēcit; tacitus audīuit uerba mea; tacitus
       cōnscrīpsit hās tabellās, et obsignātās mihi dedit. tibi mē iussit
       dare. sed timeō. nam suspicor hās tabellās similīs esse   330
       alterārum. nōsce signum. estne illīus?

NĪC.   nōuī. illīus est. uolō hās perlegere.

(*Nīcobūlus tabellās soluit*)

CHR.   (*clam*) euge! nunc adest exitium Īliō. senem sollicitat equus
       ligneus!   335

NĪC.   Chrȳsale, ades.

CHR.   quārē mē adesse uīs tibi?

NĪC.   uolō tē audīre haec uerba.

CHR.   scīre nōlō!

NĪC.   tamen ades.   340

CHR.   quārē?

NĪC.   tacē. iubeō tē adesse.

CHR.   aderō.

(*Nīcobūlus tabellās soluit et perlegit*)

NIC.   Well he hasn't spared pen or paper. But I'll surely read it
       through, whatever it is — 'Dear Father, if you want to see me
       back safe and well, please give Chrysalus two hundred *nummī*.'
       By God I'll whip him for this.

CHR.   I say —

NIC.   What is it?

CHR.   Didn't he start with good wishes?

NIC.   I don't see any.

CHR.   You won't give it him if you're wise. But whatever you give,
       he can look for another go-between if he has any sense. I
       won't take it to him, however strictly you order me. I'm
       under enough suspicion when I'm quite innocent.

NIC.   Just listen while I read you what he has written.

CHR.   It's an impertinent letter, I'm sure, right from the beginning.

NIC.   (*reading*) 'I'm ashamed to come and see you, Father; I hear
       you know I've been misbehaving myself, sleeping with an
       officer's wife abroad.' That's no joke. Two hundred *nummī* to
       pay to save your life after that piece of misbehaviour!

CHR.   Just what I said to him myself.

NIC.   (*still reading*). 'I know I've been a fool. But please, Father,
       don't desert me if I've been fool enough to go wrong. I'm

very susceptible and always had a roving eye, and I was led
into doing something I now regret.' Better be careful first
than sorry afterwards!

CHR.   My very words to him at the time.

NIC.   (*still reading*) 'Please, Father, isn't it enough that Chrysalus has
abused me so often and made me a better man with all his
advice? You ought to be very grateful to him.'

CHR.   Does it really say that?

NIC.   There it is, look: now you know.

CHR   The guilty party is always ready to apologise to everyone.

NIC.   (*still reading*). 'So if I'm entitled to ask a favour of my father,
do please let me have two hundred *nummī*.'

CHR.   You won't let him have a single penny if you have any sense.

NIC.   Let me finish reading. (*He continues*) 'I gave my solemn word
that I would pay the woman the money before the evening
when she leaves me. Now, father, do see that I don't break
my word and get me away as soon as possible from this
woman who has led me astray and cost me so much. Don't
let's quarrel about this two hundred *nummī*. If I survive I'll
repay it a thousand times. Goodbye and see to it.'

NĪC.   quid nunc arbitrāris, Chrȳsale?   345

CHR.   nihil hōc⌒tempore tibi cōnsilī dabō. nam nōlō tē dē meā
sententiā agere. uērum, ut ego opīnor, dare aurum
dēbēs...sed ego neque iubeō neque uetō neque suādeō.

NĪC.   misereor illīus.

CHR.   tuus est. nōn mīrum est.   350

NĪC.   quid faciam? bīnōs ducentōs nummōs ecferam. manē hīc.
mox domō exībō ad tē, Chrȳsale.

(*Nīcobūlus in aedīs intrat ē scaenā*)

CHR.   fit exitium Trōiae! dēlent Graecī Trōiam! ecce. senex
praedam ecfert. tacēbō nunc.   355

NĪC.   cape hoc aurum, Chrȳsale. ī, fer fīliō. ego ad forum autem
ībō, et nummōs mīlitī dabō.

CHR.   nōn equidem illōs nummōs accipiam. nōlō ego tē mihi dare.

NĪC.   cape uērō; odiōsē facis.

CHR.   nōn capiam.   360

NĪC.   at quaesō.

CHR.   nōlō.

NĪC.   quārē?

CHR. nōlō tē aurum mihi dare.
NĪC. ohē odiōsē facis.   365
CHR. dā, sī necesse est.
NĪC. cūrā hoc. iam ego hūc reueniam.
(*Nīcobūlus ēgreditur*)
CHR. eugepae! cūrāuī hoc! nam tū hōc⁀tempore senex miserrimus
      es. ut rem bene gessī! mē seruāuī atque urbem cēpī. uērum   370
      seruus sum magnā astūtiā, summō ingeniō. nunc domum
      redībō atque hanc praedam Mnēsilochō feram.

Section 2 E

Eventually it comes out that Nicobulus has been well and truly fleeced, and he joins with Pistoclerus' father, Philoxenus, in lamenting the moral decline of their sons. They decide to go to the house of the Bacchises and try to rescue their sons — but are themselves ensnared by female charms.

22. fēcī illa omnia, sed modestē.

(Philoxenus, Pistoclērī pater, in scaenam ingreditur, et sēcum loquitur)
PHILOXENVS   ut uīta meī fīlī mē sollicitat! fuī ego iuuenis, et illō
  tempore fēcī illa omnia, sed modestē. uoluī illum ita sē gerere   375
  ut uoluit, sed nimis illum lūdere nōluī.
*(Nīcobūlus in scaenam ingreditur. Philoxenum nōn cōnspicātur, sed sēcum
loquitur)*
NĪC.   quī fuērunt quīque erunt stultī stolidī fatuī fungī bardī blennī
  buccōnēs, sōlus ego omnīs anteeō propter stultitiam meam.   380
  periī! interiī! nam Chrȳsalus hodiē mē lacerāuit, mē miserum
  spoliāuit. mīles Cleomachus omnia mihi nārrāuit. illa 'mulier'
  Cleomachī meretrīx est: mīles nūllam uxōrem habet. ego,
  stultissimus omnium hominum, nummōs prō meretrīce illī
  mīlitī prōmīsī. sed maximē īrātus sum quod Chrȳsalus, seruus   385
  summā nēquitiā, mē dēcēpit.
PHIL.   *(uōcem Nīcobūlī audīuit)* quis loquitur?
(Nīcobūlum cōnspicātur)
  sed quem uideō? hic quidem est pater Mnēsilochī.
NĪC.   *(Philoxenum cōnspicātur)* euge, Philoxenum, socium malī meī,   390
  uideō. ad illum adgrediar et alloquar.
(Nīcobūlus ad Philoxenum adgreditur)
  Philoxene, saluē.
PHIL.   et tū. unde uenīs?
NĪC.   unde homo miser et īnfortūnātus.   395
PHIL.   pol ego ibi sum.
NĪC.   igitur similem fortūnam habēmus.
PHIL.   sīc est. sed tū dīc, quid tē sollicitat?
NĪC.   Chrȳsalus, optimus homo, meum fīlium perdidit, tuum fīlium,
  mē atque rem omnem meam. nam et Mnēsilochus et   400
  Pistoclērus amīcās habent.
PHIL.   quōmodo scīs tū?
NĪC.   uīdī illās.
PHIL.   periī.
NĪC.   quid morāmur? cūr nōn ēuocāmus fīliōs nostrōs?   405
  cōnābimurne illōs ēuocāre?
PHIL.   haud moror.
NĪC.   cōnābimur. ī mēcum. sequērisne mē ad aedīs Bacchidum?
PHIL.   tē sequar. prōgredere.
NĪC.   ambō prōgrediēmur et fīliōs nostrōs eōdem tempore seruāre   410
  cōnābimur.
(ambō ad aedīs Bacchidum prōgrediuntur)

23. ambō prōgrediēmur et ffiliōs nostrōs eōdem
    tempore seruāre cōnābimur.

     heus, Bacchis, aperī forēs, nisi māuīs nōs forēs effringere.
BACCHIS (1)   (*intus loquitur*) quis clāmat? quis nōminat mē et aedīs
     pulsat?   415
(*Bacchidēs ex aedibus exeunt*)
NĪC.   ego atque hic.
BAC. (1)   quid negōtī est? quis hās ouīs hūc dūxit?
NĪC.   ouīs nōs uocant illae pessimae!
SOROR (2)   pāstor hārum dormit; hae procul ā pecū eunt,   420
     bālitantēs.
BAC. (1)   at pol nitent; haud sordidae uidentur ambae.
SOR. (2)   attōnsae ambae uidentur esse.
PHIL.   illae meretrīcēs nōs dērīdēre uidentur. patiēmurne hoc?
NĪC.   ego hoc nōn patiar.   425
BAC. (1)   ut opīnor, pāstor hās bis in annō totondit. quid tū arbitrāris?
SOR. (2)   (*points to Nicobulus*) pol hodiē aliquis certō hanc ouem bis
     totondit.
BAC. (1)   cōnābimurne illās intrō dūcere?

SOR. (2)   at illae nihilī sunt: nam neque lac neque lānam habent.   430
                regrediēmurne intrō, soror?

BAC. (1)   ita. tē sequar.

(*Bacchidēs ad aedīs regrediuntur*)

NĪC.   manēte. hae ouēs uolunt uōs.

BAC. (1)   prōdigium hoc est: hūmāna est hārum uōx. appellant nōs   435
                hae ouēs.

NĪC.   hae ouēs uōbīs malam rem magnam dabunt.

SOR. (2)   sed cūr malum uōs nōbīs mināminī?

PHIL.   quia nostrōs agnōs conclūsōs habētis.

NĪC.   nisi illōs nōbīs prōdūcētis, arietēs erimus, et in uōs incursā-   440
       bimus.

BAC. (1)   soror, clam mēcum loquēris?

SOR. (2)   loquar. quid est?

BAC. (1)   tē uolō hūc adgredī.

SOR. (2)   adgrediar. loquere.   445

(*soror ad Bacchidem adgreditur. clam colloquuntur*)

NĪC.   quō illac abeunt?

BAC. (1)   (*Philoxenum indicat*) senem illum tibi mandō. tē illum lepidē
                lēnīre uolō. ego ad hunc īrātum adgrediar. sīc cōnābimur hōs
                intrō cōgere hūc.   450

SOR. (2)   meum officium ego lepidē cūrābō, quamquam molestum est
                mortem amplexārī.

BAC. (1)   fac ita ut iussī.

SOR. (2)   tacē: tū tuum fac, ego meum facere cōnābor.

(*While all this has been going on, Philoxenus has been eyeing Soror(2)*)

NĪC.   quid illae in cōnsiliō clam cōnsultant?   455

PHIL.   quid ais tū, homo?

NĪC.   quid mē uīs?

PHIL.   nihilī sum.

NĪC.   cūr nihilī es? dīc mihi.

PHIL.   uidēsne hanc? (*sorōrem indicat*)   460

NĪC.   uideō.

PHIL.   haud mala est mulier.

NĪC.   pol uērō illa mala et tū nihilī.

PHIL.   quid⁀multa? ego amō.

NĪC.   amāsne?   465

PHIL.   ita uērō.

NĪC.   homo pūtide, senexne audēs amātor fierī?

PHIL.   audeō. quid est?

NĪC.   quia flāgitium est.

PHIL.   quid^multa? filium meum nōn castīgābō, neque tū tuum   470
          castīgāre dēbēs. sī amant, sapienter faciunt.

(Bacchidēs ad senēs regrediuntur)

BAC. (1) sequērisne hāc, soror?

SOR. (2) sequar.

NĪC.   quid nunc? etiam reddētis nōbīs fīliōs? nisi reddētis illōs,   475
          magnum tibi malum dabō.

BAC. (1) patiar. nam dolōrem nōn accipiam, sī mē feriēs.

NĪC.   ut blandiloqua est. ei mihi, metuō.

SOR. (2) hic magis tranquillus est.

BAC. (1) ī hāc mēcum atque ibi, sī uīs, fīlium castīgā.   480

NĪC.   abīsne ā mē, scelus?

PHIL.   *(sorōrem alloquitur)* ego tē ōrō – dūc mē intrō!

SOR. (2) lepidum tē!

PHIL.   at scīsne meās condiciōnēs?

SOR. (2) mēcum esse uīs.   485

PHIL.   hoc cupiō.

NĪC.   ō hominem pessimum!

PHIL.   ita sum.

BAC. (1) ī hāc mēcum intrō. ibi habēbis uīctūs, uīnum, unguenta.

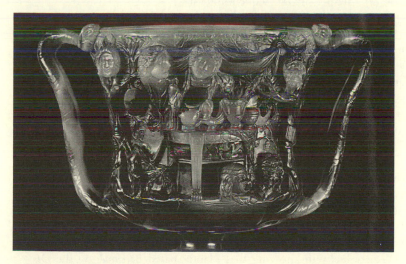

24. ibi habēbis uīctūs, uīnum, unguenta.

NĪC.   satis, satis iam uestrī est conuīuī. quadringentōs Philippōs fīlius   490
          et Chrȳsalus mihi abstulērunt. oblīuīscī nōn possum.

BAC. (1)   quid tandem, sī dīmidium aurī tibi reddam, ingrediērisne
          mēcum intrō?

PHIL.   faciet: omnia oblīuīscētur.

NĪC.   minimē, nōlō. mālō illōs ulcīscī duōs!   495

PHIL.   (*īrāscitur*) etiam tū, homo nihilī? tantī es quantī fungus
          pūtidus! Bacchis tibi dīmidium aurī dabit. accipe.

BAC. (1)   sī accipiēs, pol tēcum accumbam, tē amābō et
          amplexābor...

NĪC.   periī. uix negō.   500

BAC. (1)   dum uīuis, bene tibi fac. uīta pol est haud longa. neque, sī
          hanc occāsiōnem hodiē āmittēs, post in morte ēueniet
          umquam.

NĪC.   quid agō?

PHIL.   quid agere dēbēs? rogās etiam?   505

NĪC.   uolō, et metuō.

BAC. (1)   quid metuis?

NĪC.   nōnne mē irrīdēre fīlius et seruus uolent?

BAC. (1)   nōn sinam illōs.

NĪC.   propter tē improbus fīō. intrō mē dūc.   510

BAC. (1)   it diēs, īte intrō et accumbite. fīliī uōs exspectant intus.

SOR. (2)   uesper hic est. sequēminīne nōs?

NĪC.   sequēmur, tamquam addictī.

In many ways *Bacchidēs* is the most typical of the extracts from Plautus
in this book. It contains most of the elements contained in Whetstone's
famous precept:

> To work a comeddie kindly, grave old men should
> instruct, young men should shew imperfections of
> youth, strumpets should be lascivious, boyes unhappe
> and clowns should speak disorderlye.

There is no instruction from grave old men in the extracts you have
read, but there is plenty earlier on in *Bacchidēs* from Lydus, Pistoclerus'
tutor, who laments his pupil's fall to ruin. For 'clowns' read 'deceitful
slaves', and you have in a nutshell the typical Plautus comedy, which
was to have such an influence upon, for example, restoration comedy.
   We are lucky in knowing that Plautus based *Bacchidēs* on the *Dis
exapatōn* (Δὶς ἐξαπατῶν) 'The two-time trickster' by Menander, less

lucky in that only about 80 scattered lines of the Menander survive, and quite a few of those are mutilated. In the Menander version, there are Sostratos (Mnesilochus), Syros (Chrysalus), Moskhos (Pistoclerus) and Lydos, his tutor (Lydus). There are two fathers, but their names are not known. There is one famous point of comparison. The line which Byron mistranslated as 'Whom the gods love die young' (it should be 'dies') has its source in the Menander play (ὃν οἱ θεοὶ φιλοῦσιν ἀποθνήσκει νέος), and Plautus translated this (correctly) as *quem dī dīligunt | adulēscēns moritur*) (see **2B** lines 193–4). In the context, as we saw, they are heavily sarcastic: Chrysalus goes on to say that if the gods had loved Nicobulus, he would have died long ago and not lived to be such a 'rotten mushroom'. Byron turned this acid personal sneer into a universal tragic sob.

Section 3
Plautus' *Amphitruō*

Amphitruo, leader of the Theban army, has left his home and his wife
Alcumena, to fight the Teleboans. He has taken his slave Sosia with
him. Jupiter (*Iuppiter*) has fallen in love with Alcumena, and in order
to win her favours has disguised himself as Amphitruo. To ensure that
the liaison remains undetected, and to prolong it, Jupiter has ordered
Mercury (*Mercurius*) to disguise himself as Amphitruo's slave Sosia and
to keep a watch over the house.

Section 3 A

*The extract opens with the disguised Mercury on guard in front of the house,
awaiting the arrival of Amphitruo's slave Sosia. Sosia is coming to give
Alcumena advance news of Amphitruo's impending arrival.*

25. Comic heads.

drāmatis persōnae
Amphitruō, dux legiōnum Thēbānārum, coniūnx Alcumēnae; uir
summā uirtūte.
Alcumēna, coniūnx Amphitruōnis; fēmina summā cōnstantiā.
Sōsia, seruus Amphitruōnis, homo nūllā astūtiā.
Iuppiter, rēx deōrum; amātor Alcumēnae.
Mercurius, nūntius deōrum, deus multā astūtiā, Sōsiae similis.

MERCVRIVS   nōmen Mercuriō est mihi; deus sum multā astūtiā,
multīs dolīs. haec urbs est Thēbae. eae aedēs sunt
Amphitruōnis, uirī summā uirtūte et audāciā, ducis legiōnum
Thēbānārum. uxor eius Alcumēna est, fēmina summā   10
cōnstantiā et pudīcitiā. is Amphitruō cum exercitū abiit, et hōc
tempore cum Tēleboīs bellum gerit; et ea Alcumēna ex eō
grauida est. sed pater meus, rēx deōrum – omnēs eum
nōuistis: līber hārum rērum est – Amphitruōnis similem sē
fēcit, et Alcumēnam clam amāuit. utrimque igitur est   15

26. Alcumēnam clam amāuit.

grauida – et ex uirō et ex summō Ioue. pater meus,
Amphitruōnī similis, hāc nocte intus cum eā cubat, et ob eam
rem haec nox longa est. haec uērō nox est omnium
longissima. ego, Mercurius, nūntius deōrum, imāginem Sōsiae,
seruī Amphitruōnis, cēpī: nunc igitur Sōsiae similis sum. hodiē   20
tamen et Amphitruō et seruus eius ab exercitū domum
reuenient. ecce! is seruus nunc uenit. in eās aedīs ingredī
cōnābitur, ab eīs aedibus ego eum abigam.
(*Sōsia, seruus Amphitruōnis, ingreditur*)
SŌSIA   quis homo audācior, quis cōnfīdentior, quis fortior quam ego?   25
MER.   (*sēcum loquitur*) quis stultior?

SŌS. immō uērō ego audācissimus sum omnium hominum,
confīdentissimus, fortissimus.

MER. stultissimus.

SŌS. audācissimus sum quia sōlus per hanc longissimam ambulō   30
noctem. nam quae nox longior est quam haec? quae nigrior
quam haec? certē edepol, Nocturnus dormit ēbrior, ut ego
crēdō. nam neque Septentriōnēs sē in caelō commouent, neque
sē Lūna mūtat, neque Iugulae neque Vesperūgō neque
Vergiliae occidunt. ita statim stant omnia ea signa neque diēs   35
umquam appāret. numquam noctem uidēbō longiōrem,
numquam nigriōrem!

MER. perge, Nox, ut nunc pergis. numquam dabis operam meliōrem
dominō meliōrī!

SŌS. ūnam tamen noctem longiōrem quam hanc uīdī. nam ōlim   40
dominus meus mē uerberāuit et tōtam noctem pependī. ea nox
longior fuit quam haec! nunc tamen, ut crēdō, sōl dormit,
adpōtus probē.

MER. hominem stultissimum! hominem numquam uidēbō stultiōrem
quam eum!   45

SŌS. nunc in aedīs dominī meī ingrediar. imperium Amphitruōnis
exsequar et uictōriam eius Alcumēnae nūntiābō. nam hostīs
uīcimus, oppidum eōrum expugnāuimus, multam praedam
cēpimus. sed ōrātiōnem meam paulisper meditābor...
quōmodo uictōriam nārrābō Alcumēnae? quae uerba eī   50
dīcam? (*paulisper meditātur*) sīc eī loquar!

Section 3 B

*Sosia describes their arrival in enemy territory; Amphitruo's peace offer; its
rejection; the preparation on both sides for battle; the conflict; Amphitruo's
victory; and the surrender of the enemy envoys next day.*

SŌS. 'nōs in ōtiō et pāce fuimus. Tēleboae, uirī summā ferōciā, nōs
adgressī sunt. tam subitō, tam ferōciter adgressī, maximam
praedam adeptī sunt. hanc praedam adeptī, domum regressī
sunt. cīuēs nostrī Tēleboās ulcīscī uoluērunt, quod Tēleboae   55
iniūstī fuērunt, et nōbīs causa bellī iūstissima fuit. mīlitēs igitur
nostrī, fortissimī uirī, ad eam terram in nāuibus prōgressī sunt.
ad terram prōgressī, ex nāuibus celeriter ēgressī sunt. ē nāuibus
ēgressī, castra statim posuērunt. Amphitruō hostīs per lēgātōs
sīc adlocūtus est: "ō Tēleboae, sī uōs tantam praedam in agrō   60

27. hanc praedam adeptī, domum
    regressī sunt.

Argīuō adeptī, omnem hanc praedam nōbīs reddere uultis,
Amphitruō exercitum sine bellō domum redūcet; ab agrō
abībit, pācem et ōtium uōbīs dabit. sī nōn uultis neque omnia
nōbīs dabitis, oppidum uestrum oppugnābit et dēlēbit." sīc
locūtī sunt Amphitruōnis lēgātī. sed Tēleboae sīc   65
respondērunt: "uōs, Thēbānī, statim abīte. nostrī mīlitēs uirī
sunt summā ferōciā, uirtūte maximā. bellum gerēmus, sī
necesse erit, et nōs nostrōsque tūtārī possumus. uōs igitur,
nostrō ex agrō ēgressī, exercitum uestrum dēdūcite."

   sīc Tēleboae, ferōciter locūtī multaque nostrō exercituī   70
minātī, Amphitruōnem exercitum dē agrō statim dēdūcere
iussērunt. Amphitruō igitur hostīs ulcīscī uoluit et ē castrīs
omnem exercitum celeriter prōdūxit. Tēleboae ex oppidō suās
legiōnēs ēdūxērunt. nōs legiōnēs īnstrūximus nostrās; hostēs
legiōnēs īnstrūxērunt suās. deinde imperātōrēs in medium   75
exiērunt et extrā turbam ōrdinum collocūtī sunt. paulisper
collocūtī, cōnsēnsērunt: "uictī post proelium uictōribus urbem,
ārās, focōs, sēque dēdent." haec fuit condiciō proelī. utrimque
tubae cecinērunt, cōnsonuit terra, clāmor ad caelum iit.
Amphitruō Iouem precātus est et exercitum hortātus est.   80
Iouem precātus exercitumque hortātus, in proelium sē fortiter
tulit. cōpiae utrimque sē in proelium tulērunt.

   dēnique, ut uoluimus, nostra manus superāuit, sed hostēs
nōn fūgērunt. Amphitruō, hoc cōnspicātus, equitēs sē in
proelium audācter ferre iussit. in proelium sē tulērunt,   85
cōpiāsque hostium audācter prōtrīuērunt. tum hostēs sē in

fugam dedērunt. usque ad uesperum pugnāuimus. postrēmō
nox uēnit et proelium dirēmit. sīc hostīs nostrōs illō tempore
fortiter uīcimus. hanc tam illūstrem adeptus uictōriam,
Amphitruō lēgātōs hostium in castra postrīdiē accēpit. lēgātī   90
hostium, miserē ex urbe profectī, et nōs uehementer precātī,
dēdidērunt sē, urbem, līberōs, omnia dīuīna hūmānaque in
arbitrium Amphitruōnis.'

(*Sosia has finished his practice speech*)

    haec sīc meae dīcam dominae. nunc in aedīs ingressus, illud
imperium Amphitruōnis exsequar. omnia Alcumēnae locūtus,   95
imperiumque exsecūtus, ad Amphitruōnem celeriter redībō.

Section 3 C

*Mercury utterly outwits Sosia and, with the help of a few well-timed
punches, almost convinces Sosia that he is someone else.*

MER.   quid factūrus est is seruus? estne in hās aedīs ingressūrus? estne
      omnia dē eā uictōriā Amphitruōnis dictūrus? ego ad eum
      adībō et ab hīs aedibus celerrimē abigam. numquam hunc
      hominem ad aedīs peruenīre hodiē sinam. quandō mea fōrma   100
      eius fōrmae similis est – immō uērō ille nōn est suī similior
      quam ego – mōrēs simillimōs habēbō. igitur ego malus,
      callidus, astūtus erō, et malitiā, dolīs, astūtiīs, fallāciīs, uī eum
      ab hīs aedibus celerrimē abigam.

(*Sōsia, in aedīs intrātūrus, Mercurium cōnspicātur*)   105

SŌS.   nunc ego in aedīs intrātūrus sum et dominī facta
      nārrātūrus...sed quis est hic homo? quem uideō ante aedīs
      dominī? obsecrō hercle, quam fortis est! numquam fortiōrem
      uīdī. minimē placet...certē hospitium meum pugneum erit.
      miserrimus sum!   110

(*Mercury limbers up with his fists, pretending not to see Sosia*)

MER.   magnum est pondus huic pugnō, sed maius pondus illī...
SŌS.   periī! pugnōs ponderat! pugnīs mē accipere uult.
MER.   sī quis hūc ueniet, pugnōs edet.
SŌS.   mihi nōn placet. cēnāuī modo...
MER.   sī hic pugnus ōs tanget, exossātum erit...   115
SŌS.   mē pugnīs exossāre uult? ō mē miserum! tantī erō quantī
      mūrēna!
MER.   nescioquis hīc loquitur.

sōs.　　saluus sum! mē nōn uīdit! nam nōmen mihi nōn nescioquis
　　　　sed Sōsia est.   120

(*Mercurius Sōsiam cōnspicātur*)

MER.　　quō itūrus es, miserrime? dīc mihi, quis es? seruusne es, an
　　　　līber? loquere, pessime!

sōs.　　seruus sum, in aedīs dominī itūrus.

MER.　　cuius seruus es? cūr, in hās aedīs intrātūrus, tēcum silenter   125
　　　　loqueris? quid nūntiātūrus es? dīc, omnium pessime.

sōs.　　in eās aedīs sum ingressūrus. nam haec iussit dominus meus. eius
　　　　enim seruus sum.

MER.　　abī, scelerum caput! homo nihilī es! nisi celeriter abībis, ego
　　　　tē, sceleste, hīs pugnīs celerius exossābō! tantī eris quantī   130
　　　　mūrēna!

sōs.　　sī in mē pugnōs exercitūrus es, cūr in parietem eōs nōn prīmō
　　　　domās?

MER.　　sī nōn abībis statim . . .

sōs.　　sed hīc habitō, atque huius familiae seruus sum.   135

MER.　　quis est dominus tibi?

sōs.　　Amphitruō, hominum optimus, et uxor eius, Alcumēna,
　　　　mulierum pulcherrima.

28. Sōsia ego sum, nōn tū.

MER.   et quid est nōmen tibi, pessime?

SŌS.   (*grandly*) Sōsiam mē uocant Thēbānī, Dāuī fīlium.   140

MER.   quid tū loqueris? mentīris, audācissime. tū Sōsia es? ego sum
        Sōsia. nōlī hūc dolīs‿cōnsūtīs uenīre.

SŌS.   immō cōnsūtīs‿tunicīs hūc ueniō, nōn dolīs.

MER.   at mentīris; certō pedibus, nōn tunicīs, uēnistī.

(*Mercurius Sōsiam pugnīs ferōciter uerberat*)   145

SŌS.   periī!

MER.   etiam clāmās, homo nihilī? cui seruus nunc es?

SŌS.   sum Amphitruōnis Sōsia.

MER.   Sōsia ego sum, nōn tū.

(*pugnīs eum ferōcius uerberat Mercurius*)   150

SŌS.   periī! occidī!

MER.   clāmās, homo nihilī? tacē.

SŌS.   tacēbō.

MER.   quis dominus tuus est? cui nunc seruus es?

SŌS.   nesciō. quem maximē uīs?   155

MER.   meliōra loqueris. quid igitur? quid nunc tibi est nōmen?

SŌS.   nesciō. quid uīs?

MER.   optima dīcis. es Amphitruōnis Sōsia?

SŌS.   minimē.

MER.   optimē respondēs. nēmo enim est seruus Amphitruōnis nisi ego.   160

SŌS.   (*sēcum loquitur*) nēmo est peior quam hic pessimus. nōnne sum
        ego seruus Amphitruōnis Sōsia? nōnne ego nunc stō aedīs ante
        nostrās? nōnne loquor? nōnne hīc habitō? nōnne hic homo mē
        pugnīs uerberat? nōnne domum initūrus sum nostram?

(*Sōsiam domum initūrum Mercurius prohibet*)   165

MER.   quae uerba loqueris? uestram dīcis domum? sed haec domus
        mea est, nōn tua, homo nihilī. nōlī mentīrī.

(*pugnīs ferōcissimē uerberat Mercurius Sōsiam*)

SŌS.   periī! quis ego sum, sī nōn Sōsia? tē interrogō.

MER.   ubi ego Sōsia nōlō esse, tū Sōsia eris. nunc, quandō ego sum   170
        Sōsia, abī, pessime.

SŌS.   (*sēcum plūrimum meditātus loquitur*) certē, fōrma eius simillima
        est meae. nam eundem petasum habet, eundem uestītum,
        eandem statūram, eōsdem pedēs, idem mentum, eāsdem mālās,
        eadem labra, barbam, nāsum, collum. tōtus meī similis est. is   175
        uērō similior meī quam ego. sī tergum habet cicātrīcōsum,
        nēmō similior meī. sed ego equidem certō īdem sum, Sōsia,
        dominī optimī seruus optimus. nūllus enim seruus melior

quam ego, nūllus dominus melior quam Amphitruō.
(*sīc locūtus Sōsia exit*)   180

Section 3 D

*Mercury amuses himself by wondering what Amphitruo will say when Sosia
tells him that 'Sosia' prevented him entering the house, and congratulates
himself on being such an excellent slave in Jupiter's service. Jupiter, still
disguised as Amphitruo, bids farewell to a disconsolate Alcumena.*

MER. nunc licet patrī meō Alcumēnam amārc. nihil eī obstat. sed
quid ille Sōsia Amphitruōnī loquētur? 'nōn licuit mihi in aedīs
ingredī. obstitit mihi seruus.' tum Amphitruō 'quid dīcis?'
inquiet, 'cūr tibi nōn licuit?' Sōsia ille 'quod Sōsiae nōn
placuit' inquiet. tum Amphitruō 'quid dīcis, ō pessime   185
seruōrum?' Sōsia 'Sōsiae nōn placuit. Sōsia enim obstitit.' tum
Amphitruō, seruō suō maximē īrātus, 'quid mihi dīcis,
pessime? Sōsiae nōn placuit? sed tū Sōsia es! mentīris, homo
nihilī: nōn tibi crēdō.' et Sōsia 'crēde mihi, domine. nōn
mentior, sed tibi uēra dīcō.' sīc Amphitruō seruō illī īrātior   190

29. nōnne seruus sum optimus optimō patrī?

fīet, seruus Amphitruōnī; neque Amphitruō eī seruō crēdet,
neque Amphitruōnī seruus. intereā, patrī meō licēbit
Alcumēnam amāre. nōnne seruus malus, callidus, astūtus sum?
nōnne seruus sum optimus optimō patrī? nam sī pater mihi
imperat, eum sequor, et imperiō eius pāreō. ut fīlius patrī   195
bonus est, ita ego sum Iouī. sī quid meō patrī placet, mihi
magis placet. sī quid patrī nōn placet, mī minus placet. sī quid
Iuppiter mī imperat, eī statim pāreō. sī quid mihi minātur,
metuō. sī cui īrātus est, eī et ego īrātus; sī quibus fauet, illīs
hominibus faueō ego. sī quis cūrae est Iouī, is cūrae mihi est. sī   200
quis odiō Iouī est, odiō is est et mihi. sī quid uoluptātī Iouī est,
id uoluptātī est mihi; sī cui Iuppiter auxiliō est, auxiliō eī
hominī ego; sī quibus impedīmentō Iuppiter est, impedīmentō
illīs et ego. ego igitur exemplō sum fīliīs omnibus, ut pater
meus exemplō est patribus omnibus!   205

     sed nunc huic seruō maximē placet tacēre. nam crepant
paulum cardinēs et pater meus ex aedibus exitūrus est.

(*ingrediuntur in scaenam Iuppiter et Alcumēna. complexus paulum
Alcumēnam, Iuppiter eī loquitur*)

IVPPITER   ualē, Alcumēna, et tibi parce, precor, quod mox parturiēs.   210
    mihi necesse est ad exercitum redīre.

ALCVMĒNA   quid tibi negōtī est, mī uir? cūr tibi opus est tam subitō
    domō abīre?

IVPP.   nōn quod mihi taediō es, uxor cārissima, sed ubi imperātor
    exercituī suō nōn praeest, plūrima mala fīunt. bonō animō es!   215

ALC.   mediā nocte uēnistī, nunc māne abīs. hoc tibi placet? cūr hōc
    tempore nōn mēcum paulum manēs?

IVPP.   mea uxor, mihi minimē placet abīre. sed necesse est mihi cōpiīs
    meīs praeesse, et omnibus rēbus operam dare. crēde mihi. nam
    cui placet ab uxōre abīre?   220

ALC.   nōlō tē abīre, mī uir. plūs tē amābō, sī nōn abībis.

IVPP.   cūr mē tenēs? nōlī mihi obstāre. opus mihi est ad cōpiās
    celerrimē regredī.
    ecce: est mihi patera aurea. haec patera fuit rēgis Tēleboārum.
    sed eum in proeliō meā manū necāuī. nunc igitur ego pateram   225
    eius habeō. hanc igitur pateram tibi dabō: tibi erit patera rēgis.
    quibus uirīs nōn placet aliquid uxōribus dare? accipe...

ALC.   accipiō, et grātiās maximās tibi agō, mī uir.

IVPP.   abī prae, Sōsia. iam ego sequar. numquid uīs, mea uxor?

ALC.   uolō tē celeriter regredī. complectere mē!   230

IVPP.   complectar ita ut uīs. bonō animō es! celerrimē regrediar.
(*complexus Alcumēnam, Iuppiter abitūrus est. Alcumēna in aedis ingreditur*)
IVPP.   nunc, nox, tē dīmittō. quantō longior nox fuit, tantō breuior
         diēs fiet. sīc enim amātōribus maximē placet. nunc ībō et
         Mercurium sequar.   235
(*Mercurium secūtus Iuppiter ē scaenā ēgreditur*)

And there we must leave Alcumena. Amphitruo himself returns and
the confusions start all over again. Convinced Alcumena has been
faithless to him, he storms out. Jupiter then re-enters and calms
Alcumena down, but after this the original text becomes very
mutilated. What is certain is that the two Amphitruos and the two
Sosias create much confusion and it is left to Jupiter to sort it all out at
the end, which he does with the help of a twin birth to Alcumena of a
mortal son (Iphicles) by Amphitruo and an immortal son (Hercules) by
himself.

Here is the closing scene.

(*Enter Bromia (the nurse) from house, in a panic*)
BROMIA   Oh dear, I shall never get out of this alive − not a hope.
          My nerve has gone and things have really got on top of me.
          After what's happened indoors I've no idea what to do. I'm in
          a real state; I think I'm going to faint! Bring me some water,
          someone, quick! I've a splitting headache and I can't see
          straight or hear properly. I'm the most unhappy woman alive!
          Think of what happened to my mistress today. When her
          labour started, she called on the gods, and there was a crashing
          and banging and a rumble of thunder − loud and sudden and
          powerful the thunder was. The noise made everyone drop to
          the ground where they stood. Then some enormous voice
          called out: 'Alcumena don't be afraid! Help is coming. The
          lord of heaven is coming in all kindness to you and yours.
          Stand up', it said, 'all of you who are lying down in fear and
          terror of me.' I was lying on the ground, and I got up. I
          thought the house was on fire, so bright was the light.
          Alcumena called me; I was still terrified but fear of the
          mistress prevailed and I ran to her to find out what she
          wanted. I saw she had given birth to twin boys. None of us
          had noticed the birth or was ready for it. (*She notices
          Amphitruo lying on the ground*) But what's this? Who's this old

30. Amphitruo struck by
    lightning.

man lying in front of the house? Has he been struck by
lightning? I believe he has. He's laid out like a corpse! I'll go
and see who it is. Lord! It's Amphitruo, the master!
Amphitruo! Wake up!

AMPHITRUO   I'm done for.

BROM.   Get up.

AMPH.   I'm dead.

BROM.   Give me your hand.

AMPH.   Whose hand is it?

BROM.   I'm Bromia, your maid.

AMPH.   I was scared stiff by that thunder-clap of Jupiter's. I feel as if I
        was returning from the Underworld. But why have you come
        out?

BROM.   We who were indoors in your house were just as terrified as
        you were. I've seen some amazing things. Oh dear,
        Amphitruo, I'm still only half-conscious.

AMPH. Pull yourself together. Do you know that I'm your master
      Amphitruo?

BROM. Yes I know that.

AMPH. Look again.

BROM. Yes I'm sure.

AMPH. She's the only one of the servants who has any sense.

BROM. Oh no, sir, they're all quite sensible.

AMPH. But my wife is driving me mad with her wickednesses.

BROM. I'll make you eat your words, Amphitruo, and realise that
      your wife is a good and modest woman. It only needs a few
      words to give you proof positive. First, Alcumena has had
      twin sons.

AMPH. What's that? Twins?

BROM. Yes, twins.

AMPH. Heaven help me!

BROM. Don't interrupt, and I can assure you that the gods are all full
      of kindness to you and your wife.

AMPH. Go on, then.

BROM. After your wife went into labour today and the pains began,
      she called on the immortal gods, as women in childbirth do,
      her hands washed and her head covered. Immediately there
      was a most frightful thunder-clap; we thought at first the
      house was falling down. The whole place was ablaze as if it
      was made of gold.

AMPH. Get on with it, you have kept me in suspense long enough.
      What happened next?

BROM. While all this was going on none of us heard your wife
      groaning or crying out. She gave birth without a pang.

AMPH. I'm glad of that, however badly she has behaved to me.

BROM. Let that be, and listen to what I am going to tell you. After
      the birth she told us to wash the boys. We started to do so.
      But the boy I was washing was so big and strong that none of
      us could wrap him up in his swaddling clothes.

AMPH. How extraordinary! If your story's true there can be no doubt
      that my wife had help from heaven.

BROM. But there's something you'll think still more extraordinary.
      After he was settled in his cradle, two huge crested serpents
      slid into the courtyard, and at once raised their heads.

AMPH. How awful!

BROM. Don't panic. The serpents had a good look round, and after

31. The child killed them both.

they saw the boys they made straight for the cradles. I backed away and tried to pull the cradles with me, fearing both for the children and for myself. The serpents followed still more angrily. But when the boy I was talking about saw them, he jumped out of his cradle quick as a flash, made straight for them and grabbed one in each hand.

AMPH. How astonishing! What a really frightful story! It's horrifying just to hear it. What happened next? Do go on.

BROM. The child killed them both. And while all this was going on a loud voice called your wife's name –

AMPH. Whose voice?

BROM. The voice of the supreme ruler of gods and men, Jupiter. He said he had secretly been in bed with Alcumena, and that the boy who had strangled the serpents was his son, the other one yours.

AMPH. Well, well. I won't complain of sharing the proceeds half and half with Jupiter. (*to Bromia*) In you go, girl. Have the sacrificial vessels made ready for me at once so that I can pray for the favour of Jupiter omnipotent.

(*Exit Bromia*)

 I will send for Tiresias the seer and ask what he thinks should be done, and tell him about the whole affair. But what is this? What a thunder-clap! Heaven help me!

(*Jupiter appears above*)

JUPITER   Cheer up, Amphitruo, I have come to help you and yours.
There is nothing to fear. Don't bother with seers and
soothsayers. I am Jupiter and will tell you both about the
future and the past much better than they can.

   First then, I made love to Alcumena and got her pregnant
with a son. You had made her pregnant too when you went
to war. She bore both children at one birth. The one
conceived from me will bring you undying glory by his
achievements. Go in now, and live with Alcumena your wife
with all your earlier affection. She has done nothing you can
blame her for. What she did was under the spell of my
power. I now return to heaven.

AMPH.   I will do as you tell me, and I pray that you will keep your
promises. I will go in to my wife, and I'll keep well clear of
old Tiresias.

(*He turns to the audience*)

   Now for the sake of Jupiter almighty, let's have some
applause from the audience!

The Amphitruo theme has been a fruitful one in Western literature. It
has interesting theatrical, theological and psychological possibilities: the
effect of Jupiter's intervention in a happy marriage, the theme of the
'wronged' wife/husband – but what happens when a god is
responsible for the wrong? – the emotions of Alcumena, the
'justification' for it all in the birth of Hercules. There is a pleasing
complexity about the plot, with much scope for mistaken identity.
Molière's *Amphitryon* (1688) has a major innovation, in that Sosia is
given a wife, Cleanthis, with whom Mercury–Sosia can become
embroiled in the same way as Amphitruo–Jupiter is embroiled with
Alcumena. Dryden's *Amphitryon, or The Two Sosias* (1690), based on
Molière's, goes yet further and, while keeping Sosia's wife, introduces
a maid for Alcumena called Phaedra. Mercury–Sosia, inevitably, falls
in love with Phaedra and has the irate Mrs Sosia to deal with. Neither
plays are psychologically very complex, unlike Kleist's German version
of 1807, which concentrates powerfully on the conflict of emotions
within Alcumena. The Frenchman Jean Giraudoux wrote *Amphitryon
38* (i.e. the 38th version!) in 1929, and this play is remarkable for the
brilliant wit and irony of the conversations between Jupiter and
Alcumena (when Jupiter teasingly asks Alcumena what the night with
him was like and suggests a variety of epithets, including 'divine', she,

to his great fury, rejects them all and when he indignantly demands to know what it *had* been like, she replies 'so...domestic').

Shakespeare used the theme of the twin servants in *A Comedy of Errors*. This play is largely based on Plautus' *Menaechmi*, the story of twins separated at birth who find themselves brought together as adults, but Shakespeare increases the possibilities for havoc by introducing twin servants too. Rogers and Hart's *The Boys from Syracuse*, a Broadway hit of 1938, is a further development of Shakespeare's idea.

PART TWO
Sections 4–6: The demise of the Roman Republic

Section 4
Provincial corruption: the Verres scandal 73–71

4. The province of Sicily.

Sicily became the first Roman province in 241, immediately after the Romans had defeated the Carthaginians in the First Punic War. Sicily had been at the heart of that dispute, for besides its position, Sicily's grain-fields were a desirable acquisition. By 146 the Romans were to acquire and administer as provinces Sardinia, Corsica, Spain,

32. Grainfields of Sicily (Agrigentum).

Macedonia and Africa (roughly modern Tunisia). Soon Asia was added
(133–129), and then Gaul (after 121, especially during Julius Caesar's
campaigns (58–50)), Cilicia (from 102), Bithynia (74), Syria (64–63),
Cyprus (58), Egypt (30) and other places east. Roman control over the
Mediterranean was virtually complete.

The Romans in general preferred to work within the existing system
rather than impose a new one of their own. A consul or praetor was
elected for a one-year term of office, and kept his consular or
praetorian *imperium* ('right to rule') for the duration of that year,
wherever he was stationed. Once he had completed his duties in
Rome, he could leave for the province assigned to him, where he was
expected to remain until his successor arrived. It usually happened that
his consular or praetorian *imperium* would have expired by then, so he
was given proconsular or propraetorian *imperium* (*pro-* 'in the place
of', 'standing for') until he was replaced. Tenure was generally one
year, but it could be renewed. His authority over provincials was
virtually unlimited, but Roman citizens in the provinces had a right of
appeal against him (*prōuocātiō*). The governor was mainly responsible
for defence, internal order and jurisdiction, and at the end of his term
of office could be called to give a financial account of his governorship.
Each governor took a considerable staff (*cohors*) of men with him – a
quaestor (his right-hand man, usually in charge of finance), *lēgātī*

(usually *senātōrēs*), friends and relatives of semi-official status (*comitēs*), *praefectī* (men in charge of special jobs), and other minor officials, e.g. *lictōrēs* and *scrībae* (clerks).

The problem was that the temptation of graft and corruption appears to have been virtually irresistible. Since winning office in Rome was an expensive business, a wealthy province gave the politician a chance to recoup. He could sell justice; he could sell exemptions from state duties (such as, for example, supplying ships and men for external defence); he could work hand in glove with tax collectors (*pūblicānī*, men who bought the right to collect taxes in a province). Indeed, so serious was this problem that the very first standing court in Rome was a court *dē repetundīs*, 'on provincial extortion', (*repetō* = 'I demand back what is mine'), established in 149 in an effort to check these abuses.

In 75 Cicero had gone to Sicily as *quaestor* and boasted that he had made not a penny out of it and indeed that he had checked abuses against the locals. This is why Cicero claims that the provincials turned to him for the prosecution of the notorious Gaius Verres. As *praetor* of Sicily from 73 to 71, Verres had by all accounts mismanaged and abused the province on a grand scale. Despite efforts at Rome by Verres' friends to delay the trial, and for all Verres' influential backers, the young Cicero was victorious. Verres' counsel Hortensius abandoned the case and Verres went into exile. Cicero now became one of Rome's leading advocates.

Not all provincial governors were as bad as Verres. Besides, the system of empire that Rome imposed on its subjects lasted in the West from 241 until (traditionally) A.D. 476 – a period of some 650 years. It must have been seen by the provincials to have had advantages, since Rome's military strength was simply not enough to keep under permanent subjection such vast areas of territory. One of the secrets of empire was surely Rome's tolerance. As long as states paid their taxes and toed the line when it came to foreign policy, Rome was generally happy to leave well alone. Roman protection – *pāx Rōmāna* – must have been seen as a great blessing by vulnerable states, and trading advantages cannot have been negligible. But there was always a price to pay.

Here Cicero, in a letter to his brother Quintus, who was about to enter a third year of tenure as governor of Asia, outlines his views of the ideal governor.

A *On self-restraint*

You will no doubt continue to resist the temptations of money, of pleasure and of desires of all kinds; there will therefore be not much risk of your being unable to restrain the dishonest man of business or the over-rapacious tax-collector, while the Greeks[1] when they see you living as you do will think that some famous man from their own history, or perhaps even an angel from heaven, has dropped into their province.

I say all this not by way of advice to you on how to act, but to make you glad that you have so acted and are so acting. It is indeed a splendid thing that you should have spent three years in supreme command in Asia without being deflected from the path of honour and self-restraint by any of the temptations your province offers — statues, pictures, vases, dress, slaves, beautiful women or financial deals. What could be more eminently desirable than that your excellence, your restraint and self-control should not be hidden in some obscure corner, but be displayed in Asia before the eyes of our most famous province, for the ears of all tribes and nations to hear of. Your official progresses cause no fear, your advent no panic, you demand no exhausting expenditure. Wherever you go you give pleasure both in public and private, for you come to the community as protector, not as tyrant, to the home as guest not as plunderer.

B *On a governor's* cohors

In these matters, however, your own experience has no doubt taught you that it is not enough that you should have these qualities yourself, but that you must keep your eyes open and do all you can to make it clear that the responsibility you bear for your province to allies, to citizens, and to the Roman state is not yours alone but is shared by all your subordinates.

C *On bribery*

In short, let it be recognised by your whole province that the lives, the children, the good name and the property of all those whom you

---

[1] Greek settlers had populated the west coast of Asia Minor (modern Turkey) since the tenth century.

govern are very near your own heart. Finally, ensure that everyone believes that, if word of a bribe reaches your ear, you will take action against the giver as hostile as against the taker. No one will give a bribe when it has been made clear that, generally, those who claim to have your confidence can achieve nothing.

D *On tax-farmers*

But of course the great obstacle to your goodwill and sense of duty are the tax-farmers. If we stand in their way we alienate from ourselves and from the state a class which has deserved very well of us and which we have brought into close association with public affairs; but if we give way to them in everything, we shall acquiesce in the ruin of those for whose security and indeed interests we are in duty bound to care...To manage the tax-farmers to their satisfaction – especially if they took on the job at a loss[2] – and at the same time to avoid ruining the provincials requires a touch of genius out of this world; but I'm sure that's just what you have.

Let us start with the Greeks. Their most bitter grievance is that they are subject to taxation at all; they should not feel such a grievance since they were already in that position under their own freely adopted institutions...At the same time Asia ought to remember that if she were not governed by us she would hardly have been spared the disasters of external war or internal discord. But our government cannot be maintained without taxes, and she ought without resentment to pay over some of her wealth as the price of permanent peace and quiet.

(Cicero, *Ad Quintum* 1.1)

We follow the story of Verres' mismanagement of Sicily through a number of incidents adapted from the published version of Cicero's prosecution speech against him. In fact, Cicero's speech was never delivered because Verres had already fled the country after an earlier hearing. Since Sicily contained many Greek communities (old Greek colonies), there are many Greek names in the text.

---

[2] I.e. because 'tax-farmers' had purchased the right to collect ('farm') provincial taxes at too high a price to make it easy for them to make a profit.

Notes on sources

References are given at the end of each section to Cicero's original text.

Section 4 A (i)

Verres ruthlessly seized from the provincials whatever took his fancy. Here, he breaks into the temple of Hercules at Agrigentum to steal a particularly fine statue. (On thieving governors, see Introduction to this section, Cicero letter A. See p. ix NOTES 2 for significance of ⌐ ⌐ *.)*

33. Herculis templum.

Herculis templum apud Agrigentīnōs est nōn longē ā forō. ibi est
simulācrum ipsīus Herculis pulcherrimum. quamquam plūrima
simulācra uīdī, iūdicēs, pulchrius simulācrum quam illud numquam
cōnspicātus sum. ad hoc templum Verrēs nocte seruōs quōsdam
armātōs repente mīsit. hī concurrērunt et templum expugnābant, sed   5
custōdēs templī clāmāuēre, et seruīs obsistere templumque dēfendere
cōnābantur. sed seruī Verris eōs clāuīs et pugnīs reppulērunt, et ubi
ualuās templī effrēgērunt, simulācrum commouēbant. intereā fāma per
tōtam urbem percrēbrēscēbat; fāma erat seruōs⌐ templum ⌐expugnāre.

subitō nūntius quīdam, in forum celerrimē ingressus, nūntiāuit seruōs⌐   10
quōsdam simulācrum Herculis ⌐commouēre. omnēs Agrigentīnī, ubi
surrēxērunt tēlaque arripuērunt, breuī tempore ad templum ex tōtā
urbe accurrērunt. ubi ad templum peruēnērunt, uīdērunt seruōs⌐
simulācrum summā uī commouēre ⌐cōnārī. tum Agrigentīnī, maximē
īrātī, impetum⌐ repente ⌐fēcērunt; fīēbat magna lapidātiō; seruī Verris   15
fūgērunt.

num scelera peiōra umquam audīuistis, iūdicēs? num facinora
scelestiōra umquam accēpistis? audīte, iūdicēs, operamque dīligentius
date: mox et peiōra et scelestiōra audiētis.

(In Verrem II 4.43.94–5)

Section 4 A (ii)

Verres orders two henchmen to seize an image of a river-god from a temple.
Though this fails, he has more success with some bronze-work dedicated by
Scipio in a shrine of the Great Mother.

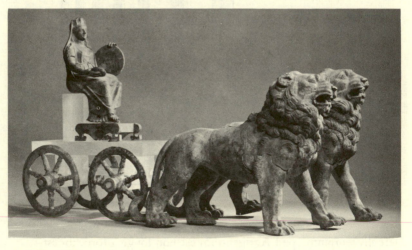

34. Māter Magna.

Assōrīnī posteā, uirī summā fortitūdine, hanc uirtūtem Agrigentīnōrum   20
imitātī sunt. Chrȳsas fluuius est quī per agrōs Assōrīnōrum fluit.
Assōrīnī hunc fluuium deum habent coluntque multōsque honōrēs eī
dant. in eius templō simulācrum Chrȳsae est ē marmore factum. at
Verrēs, propter singulārem eius templī religiōnem, id poscere nōn ausus
est. Tlēpolemō dedit et Hierōnī negōtium. illī nocte uēnēre, ualuās   25

aedis effrēgēre et intrāuēre. sed custōdēs mātūrē sēnsērunt hominēs⌐
quōsdam aedem ⌐intrāre (uīcīnīs signum būcinā dedēre), et Assōrīnī ex
agrīs concurrēbant. fūgērunt Tlēpolemus Hierōque.

Mātris Magnae fānum apud Enguīnōs est. in hōc fānō erant lōrīcae
galeaeque aēneae hydriaeque magnae. eās in illō fānō Scīpiō posuit,   30
nōmenque suum īnscrīpsit. quid plūra dīcam? omnia illa, iūdicēs,
Verrēs abstulit; nihil in illō religiōsissimō fānō relīquit. tū uidēlicet
sōlus, Verrēs, haec monumenta intellegis et iūdicās, Scīpiō, homo
summā doctrīnā et hūmānitāte, haec nōn intellegēbat!

(*In Verrem* II 4.44.96–8)

Section 4 A (iii)

Verres orders slaves to remove a statue from the shrine of Ceres in Catina,
and gets a friend to accuse someone else of the act. But the priestesses of the
shrine were witnesses to the deed.

est apud Catinēnsīs sacrārium Cereris. sed nōn licet uirīs in sacrārium   35
illud intrāre. mulierēs et uirginēs sacra cōnficere solent. in eō sacrāriō
signum Cereris erat perantīquum. hoc signum seruī Verris ex illō
religiōsissimō atque antīquissimō locō nocte sustulērunt. postrīdiē
sacerdōtēs Cereris rem ad magistrātūs suōs dētulērunt; omnibus rēs
atrōcissima uidēbātur. tum iste, quod suspīciōnem ā sē dēmouēre   40
uolēbat, amīcum quendam suum iussit aliquem reperīre et accūsāre.
nōlēbat enim Verrēs in crīmine esse. amīcus igitur ille nōmen seruī
cuiusdam dētulit; tum hunc seruum accūsāuit, testīsque fictōs in eum
dedit. senātus Catinēnsium rem lēgibus suīs iūdicāre cōnstituit et
sacerdōtēs uocāuit. ubi senātus dē omnibus rēbus rogāuit, sacerdōtēs   45
respondērunt seruōs⌐ Verris in templum nocte ⌐intrāuisse et signum locō
⌐sustulisse; affirmārunt sē⌐ omnīs omnia ⌐cōnspicātās⌐esse. senātus igitur
negāuit illum⌐seruum⌐ in templum nocte ⌐ingressum⌐esse et signum
⌐sustulisse, et cōnfirmāuit eum⌐ innocentem ⌐esse. opīnor, iūdicēs, uōs⌐
scelera peiōra numquam ⌐audīuisse. sed operam mihi date; nam et   50
peiōra putō uōs⌐ mox ⌐audītūrōs⌐esse.

(*In Verrem* II 4.45.99–100)

Section 4 A (iv)

Three 'tribes' elected one man each to go forward to a final drawing of lots
for the priesthood of Jupiter. Verres ensured that his man, Theomnastus, got
through to the last three, but how was he to ensure that Theomnastus emerged
triumphant from the lottery?

35. Iuppiter.

Syrācūsīs lēx est dē sacerdōtiō Iouis (nam id sacerdōtium Syrācūsānī
putant amplissimum esse). haec lēx Syrācūsānōs iubet trīs uirōs ex
tribus generibus per suffrāgia creāre; tunc illōs trīs necesse est sortīrī.
ita ūnus ex tribus sacerdōs Iouis fit. Theomnāstus quīdam, amīcus   55
Verris, istīus imperiō et auctōritāte in tribus illīs renūntiātus est. necesse
igitur erat illōs trīs sortīrī. Syrācūsānī, opīnātī Verrem⌐ sortem sollicitāre
numquam ⌐ausūrum⌒esse, ēuentum laetī exspectābant; spērābant enim
Verrem⌐ rem nōn ⌐perfectūrum⌒esse. quid fēcit Verrēs? prīmō iste uetuit
sortīrī, et iussit Syrācūsānōs extrā sortem Theomnāstum renūntiāre.   60
Syrācūsānī negābant id⌐ fierī ⌐posse; praetereā, fās⌐ negābant ⌐esse. iussit
igitur iste Syrācūsānōs sibi lēgem dē sacerdōtiō recitāre. lēgem ita
recitārunt 'quot hominēs per suffrāgia renūntiāuimus, tot sortīs in
hydriam conicimus. is sacerdōs fit, cuius nōmen ex hydriā exit.' tum
Verrēs 'quot hominēs renūntiāuistis?' Syrācūsānī respondēre 'trīs.'   65
Verrēs 'oportetne igitur trīs sortīs inicere, ūnam ēdūcere?' Syrācūsānī
'ita oportet.' Verrēs igitur Syrācūsānōs iussit trīs sortīs, omnīs nōmine
Theomnāstī īnscrīptās, in hydriam conicere. fīēbat clāmor maximus;
Syrācūsānī negāuēre fās⌒esse. omnibus id scelestissimum uidēbātur. quid
plūra dīcam? illō⌒modō Verrēs amplissimum illud Iouis sacerdōtium   70
Theomnāstō dedit.

(*In Verrem* II 2.50.126–7)

Section 4 B (i)

*Verres' passion for beautiful objects was matched by his lust. Here, on a
mission outside Sicily to King Nicomedes, king of Bithynia, Verres arrives at
Lampsacum, and is put up at the house of Ianitor, while his entourage is
lodged elsewhere. He orders his men to find him a woman. (Cf. Introduction,
Cicero letter A, B.)*

oppidum est in Hellēspontō Lampsacum, iūdicēs. hoc oppidum clārius
et nōbilius est quam ūllum Asiae oppidum, et ipsī Lampsacēnī
quiētiōrēs omnibus͡aliīs͡hominibus. mālunt enim ut Graecī ōtiō ūtī et
pāce fruī, quam tumultum excitāre. Verrēs ōlim peruēnit Lampsacum,   75
cum magnā calamitāte et prope perniciē cīuitātis. Lampsacēnī istum
dēdūxērunt ad Iānitōrem quendam hospitem, comitēsque eius omnīs
apud cēterōs hospitēs collocārunt. ut mōs fuit istīus, statim iussit
comitēs suōs, uirōs peiōrēs omnibus aliīs turpiōrēsque, reperīre
mulierem cēterīs pulchriōrem. uōs omnēs scītis, iūdicēs, Verrem   80
fēminās cēterīs pulchriōrēs semper cupīuisse.

                                                      (*In Verrem* II 1.24.63)

Section 4 B (ii)

*Verres' henchman Rubrius tells him of a rare beauty at Philodamus' house.
Verres demands to stay there; when refused, he lodges Rubrius there despite
Philodamus' protests.*

erat comes istīus Rubrius quīdam, homo factus ad eius libīdinēs. is
homo, quī mīrō artificiō haec omnia inuestīgāre solēbat, ad eum dētulit
uirum esse Philodāmum meliōrem omnibus͡aliīs͡Lampsacēnīs; esse
hominem apud eōs multī honōris, magnae exīstimātiōnis; eum fīliam   85
habēre eximiae pulchritūdinis; sed illam uirginem esse summā
integritāte, pudīcitiā, modestiā. Verrēs, ut haec audīuit, summā
cupiditāte exārsit. statim dīxit sē ad Philodāmum migrātūrum esse.
hospes Iānitor, nihil suspicātus, sed opīnātus sē Verrem offendisse,
hominem summā uī retinēre coepit. Verrēs igitur, alterō cōnsiliō ūsus,   90
Rubrium ad Philodāmum migrāre iussit. Philodāmus, ubi haec audīuit,
summā͡celeritāte ad istum uēnit. negāuit hoc mūnus suum esse,
negāuit sē eum receptūrum esse; sē praetōrēs et cōnsulēs recipere solēre,
nōn eōrum amīcōs. quid plūra dīcam? iste tōtum illīus postulātum
neglēxit, et seruōs suōs dēdūcere Rubrium ad Philodāmum iussit,   95
quamquam ille Rubrium recipere nōn dēbēbat.

                                                      (*In Verrem* II 1.25.63–5)

36. sed illam uirginem esse summā integritāte,
    pudīcitiā, modestiā.

Section 4 B (iii)

Philodamus feels in duty bound to show respect to Rubrius, so lays on a
party – at which Verres instructs Rubrius to abduct the girl. As the evening
progresses, things get out of hand.

Philodāmus, uir aliīs prōuinciālibus semper multō hospitālior
amīciorque, ipsum illum Rubrium domum suam recēpit; et quod
nōluit inuītus uidērī, magnum conuīuium comparāuit. nōn sōlum
Rubrium comitēs omnīs inuītāre iussit, sed etiam fīlium suum forās ad   100
propinquum quendam mīsit ad cēnam. sed Verrēs Rubrium fīliam
Philodāmī auferre iussit. Rubrius igitur cum comitibus suīs summā
celeritāte ad conuīuium uēnit; discubuēre; factus est sermō inter eōs;
Graecō mōre bibērunt; et hōc tempore sermōne laetitiāque conuīuium
celebrābant. postquam rēs satis calēre uīsa est, Rubrius 'quaesō' inquit   105
'Philodāme, cūr ad nōs fīliam tuam nōn uocās?' Philodāmus, uir
summā grauitāte, maximē īrātus est; uehementer negābat mulierēs
oportēre in conuīuiō cum uirīs accumbere. tum alius ex aliā parte
'uocā mulierem' inquit; et simul seruōs suōs Rubrius iussit iānuam
claudere. haec ubi Philodāmus intellēxit, seruōs suōs ad sē uocāuit et   110

37. postquam rēs satis calēre uīsa est.

iussit eōs sē ipsum neglegere, fīliam summā uī dēfendere, rem fīliō
summā⌢celeritāte nūntiāre. clāmor intereā factus est per tōtās aedīs.
Rubrius ipse Philodāmum aquā feruentī perfūdit. haec ubi seruī
Philodāmī fīliō nūntiārunt, statim domum festīnāuit. omnēs
Lampsacēnī, simul⌢ut haec audīuēre, eōdem animō fuērunt et ad aedīs   115
Philodāmī nocte conuēnērunt. iste, ubi uīdit sē suā cupiditāte et libīdine
tantōs tumultūs concitāuisse, effugere uolēbat.
                                        (*In Verrem* II 1.26.65–7)

Section 4 B (iv)

The Lampsaceni, all agreeing on their feelings about the behaviour of Verres'
men at the party, attack Verres' house to get at him. They are restrained by
some passing Romans, who suggest they consider the consequences.

haec ubi omnēs Lampsacēnī eōdem⌢sēnsū⌢et⌢dolōre locūtī sunt, ferrō
et saxīs iānuam caedere coepērunt, et eōdem tempore igne circumdare.
cīuēs Rōmānī quīdam, quī Lampsacī negōtiābantur, summā⌢celeritāte   120
concurrērunt. ōrābant obsecrābantque Lampsacēnōs; assēnsērunt
Verrem esse pessimum et omnibus⌢aliīs multō turpiōrem; sed dīxērunt
Lampsacēnōs hominī scelerātō parcere oportēre, potius⌢quam
praetōrem Rōmānum necāre; hōc⌐ enim ⌐modō peccātum eōrum minus
fore. hīs uerbīs ūsī, tandem Lampsacēnōs ā uī retinuērunt.   125
                                        (*In Verrem* II 1.27.68–9)

Section 4 C (i)

Diodorus lived in the Sicilian town of Lilybaeum, and possessed some very
fine silver cups. Here, Diodorus finds out that Verres is after them, so he
claims a relative in Malta has them; when Verres looks for the relative,
Diodorus writes to the relative telling him to say to Verres' men that he has

just sent the cups back to Lilybaeum. Diodorus then tactfully leaves Sicily for
Rome.

38. pōcula quaedam.

Diodōrus, quī Melitēnsis erat, Lilybaeī multōs annōs habitābat. hic
homo, quem dīcō, erat nōbilī genere nātus et splendidus et grātiōsus
propter uirtūtem, quam omnēs Lilybītānī cognōuerant. at Verre
praetōre, prope āmissūrus erat omnia quae domī collēgerat. nam
comitēs, quōs Verrēs Lilybaeum dēdūxerat, Diodōrum pōcula quaedam   130
habēre nūntiāuērunt; ea pōcula omnibus aliīs pulchriōra esse. (quae
pōcula, ut posteā audīuī, Mentōr summō artificiō fēcerat.) quod ubi
Verrēs audīuit, cupiditāte īnflammātus, Diodōrum ad sē uocāuit et
pōcula, quōrum mentiōnem comitēs fēcerant, poscēbat. ille sē Lilybaeī
ea pōcula nōn habēre respondit, sed Melitae apud propinquum   135
quendam relīquisse. tum iste mittēbat hominēs Melitam, scrībēbat ad
quōsdam Melitēnsīs, pōcula rogābat, iubēbat Diodōrum ad illum
propinquum suum dare litterās. quod ubi audīuit, Diodōrus, quī sua
seruāre cōnstituerat, ad propinquum suum litterās mīsit; quibus in
litterīs scrībere ausus erat propinquum oportēre negāre sē pōcula   140
habēre, sed affirmāre sē ea paucīs illīs diēbus mīsisse Lilybaeum. quās
ubi propinquus perlēgit, ita fēcit. intereā Diodōrus ipse, quī abesse
domō paulisper cōnstituerat potius quam argentum āmittere, Lilybaeō
abiit.

(*In Verrem* II 4.18.38–9)

Section 4 C (ii)

*Verres, enraged that he can no longer simply steal the cups from Diodorus'
relation, dreams up a way of summoning Diodorus back to Sicily – on a
trumped-up charge. Verres' relations in Rome warn him that he has gone too
far.*

quae ubi iste audīuit, nōn mediocrī īnsāniā et furōre sē gerere omnibus   145
uidēbātur; hōc modō agēbat, quia nōn potuerat argentum Diodōrō
auferre. Diodōrō igitur absentī minābātur, clāmābat palam,
lacrimābātur. postrēmō scruōs suōs iussit Diodōrum tōtā prōuinciā
conquīrere; sed ille iam castra commōuerat et pōcula collēgerat; illō
tempore Rōmae habitābat. Verrēs igitur, quī aliquō modō Diodōrum   150
in prōuinciam reuocāre uolēbat, hanc ratiōnem excōgitābat: cōnstituit
Diodōrum, quem absentem esse sciēbat, fictī cuiusdam crīminis
accūsāre. rēs clāra erat tōtā Siciliā, Verrem argentī cupiditāte hominem
absentem accūsāuisse.

    intereā Diodōrus Rōmae sordidātus circum patrōnōs atque hospitēs   155
quōs cognōuerat circumībat, et rem omnem nārrābat. quae ubi pater
amīcīque Verris audiērunt, litterās uehementīs istī mittēbant rem clāram
esse tōtā Rōmā et inuidiōsam; perspicuum esse omnia illa propter
argentum fierī; īnsānīre eum; cauēre oportēre; peritūrum esse hōc
ūnō crīmine. quās ubi Verrēs perlēgit, sēnsit sē stultē fēcisse; nam   160
prīmum annum prōuinciae sibi esse; sē nūllam pecūniam hōc tempore
habēre. furōrem suum igitur nōn pudōre, sed metū et timōre repressit;
Diodōrum absentem condemnāre nōn ausus est. Diodōrus intereā,
Verre praetōre, prope triennium prōuinciā domōque caruit.

    quid plūra dīcam? nihil hōc clārius esse potest, iūdicēs. eō tempore,   165
Verre praetōre, tōtā Siciliā, nēmo poterat cōnseruāre aut domī retinēre
eās rēs quās Verrēs magis concupīuerat.

(*In Verrem* II 4.19.40–2)

Section 4 D (i)

*Verres made a habit of accepting bribes from cities in Sicily which wanted to
avoid contributing money, men or ships to the defence of the province (see
Introduction, Cicero letter C). Consequently, while Verres became very rich,
the Sicilian defences were almost non-existent and the province was wide open
for pirates to loot almost at will. Here one of Verres' ships manages to
capture a pirate ship, but Verres uses the captives for his own purposes.*

39. nāuis.

P. Caesētiō et P. Tadiō praefectīs, decem nāuēs sēmiplēnae, quae ē
portū ēgressae erant, nāuem quandam pīrātārum cēpērunt. sed quid
dīxī? nāuem nōn cēpērunt, sed inuēnērunt et abdūxērunt. erat ea nāuis   170
plēna iuuenum fōrmōsissimōrum, plēna argentī, plēna uestium. quae
nāuis, ut dīxī, ā classe nostrā nōn capta est, sed inuenta est et abducta
est. quod ubi Verrī nūntiātum est, quamquam in actā cum mulierculīs
quibusdam iacēbat ēbrius, ērēxit sē tamen et statim iussit omnia quae in
nāue erant exhibērī. P. Caesētiō et P. Tadiō ducibus, nāuis pīrātārum   175
Syrācūsās ā nautīs appellitur. exspectātur ab omnibus supplicium. eī
praedōnēs, quī senēs et dēfōrmēs erant, ā Verre ut hostēs habitī sunt et
secūrī percussī sunt; illī, quī fōrmōsī uidēbantur aut quī artificēs erant,
ab eō abductī et amīcīs datī sunt. aliī ab eō cohortī et fīliō distribūtī
sunt, aliī, quī symphōniacī erant, amīcīs quibusdam Rōmam missī sunt.   180
sed archipīrāta ipse ā nūllō uīsus est. hodiē, iūdicēs, omnēs arbitrantur
pecūniam Verrī clam ā pīrātīs datam esse, et archipīrātam līberātum
esse.

(In Verrem II 5.25.63–4)

Section 4 D (ii)

*The Syracusans, however, kept a count of the pirates executed. Verres, to
make up numbers, executed Roman citizens who, he claimed, had been
involved in Sertorius' revolt or had joined up with pirates.*

Syrācūsānī, hominēs perītī et hūmānī, habēbant ratiōnem cotīdiē
praedōnum quī secūrī feriēbantur. sed praedōnum magnum numerum   185
dēesse mox sēnsērunt (nam ratiō eōrum habita erat ex numerō
rēmōrum quī cum nāue captī erant). nam ā Verre omnēs quī aliquid
aut artificī aut fōrmae habuerant remōtī atque abductī erant. sed iste
homo nefārius, clāmōrem populī fore suspicātus, in praedōnum locum
substituere coepit cīuīs Rōmānōs, quōs in carcerem anteā coniēcerat   190

(eōs Sertōriānōs mīlitēs fuisse aut suā uoluntāte cum praedōnibus
coniūnctōs esse arguēbat). hōc modō cīuēs Rōmānī, quī ā multīs
cīuibus Rōmānīs cognōscēbantur et ab omnibus dēfendēbantur, secūrī
feriēbantur.

    haec igitur est gesta rēs, haec erat uictōria praeclāra: Verre praetōre,   195
nāuis praedōnum capta est, dux praedōnum līberātus, symphōniacī
Rōmam missī, fōrmōsī hominēs et artificēs domum Verris abductī, in
eōrum locum cīuēs Rōmānī secūrī percussī, omnis uestis ablāta, omne
aurum et argentum ablātum atque āuersum.

                                                 (*In Verrem* II 5.28.71–3)

40. argentum.

Section 4 E (i)

Verres took a fancy to the wife of a certain Syracusan, Cleomenes. In order to
get Cleomenes out of the way, Verres put him, a Syracusan, in charge of
what there was of the fleet. Here Verres, living it up as usual, sees
Cleomenes off from the harbour. Cleomenes, fancying himself as a second
Verres, hears that a pirate ship is nearby – and runs for it. The rest of the
fleet follows.

ēgreditur Cleomenēs ē portū. ēgredientem eum sex nāuēs sēmiplēnae   200
sequuntur. Verrēs tamen, quī multīs diēbus nōn erat uīsus, tum
Cleomenem ēgredientem nāuīsque sequentīs īnspiciēbat: quī homo,
praetor populī Rōmānī, stetit soleātus, cum palliō purpureō, mulierculā
quādam nīxus in lītore. cum classis quīntō diē Pachӯnum dēnique
adpulsaˆesset, nautae, cibō egentēs, rādīcēs palmārum agrestium   205
colligere coepērunt. Cleomenēs, quī putābat sē mox alterum Verrem
fore, tōtōs diēs in lītore manēbat pōtāns atque amāns.

    ecce autem repente, ēbriō Cleomenē, nautīs cibō egentibus, nūntiātur
nāuīs praedōnum esse in portū Odyssēae. nostra autem classis erat,
Cleomenē pōtante et ēbriō, in portū Pachӯnī. quōs praedōnēs cum   210
uīdisset adeuntīs, prīnceps Cleomenēs in nāue suā mālum ērigī, praecīdī

41. postrēmās enim nāuīs prīmās
    aggrediēbantur praedōnēs.

ancorās imperāuit et cēterās nāuīs sē sequī iussit. cum nāuis Cleomenis,
cuius celeritās incrēdibilis erat, breuī tempore Helōrum aduolāuisset
fugiēns, cēterī tamen, ut poterant, paulō tardius Helōrum nāuigābant,
nōn praedōnum impetum fugientēs sed imperātōrem sequentēs. tum   215
nāuēs postrēmae fugientēs in perīculō prīncipēs erant; postrēmās enim
nāuīs prīmās aggrediēbantur praedōnēs. cum prīma ā praedōnibus
capta⌢esset nāuis Haluntīnōrum, cuius praefectus Phȳlarchus erat, mox
Apollōniēnsis nāuis capta est, cuius praefectus Anthrōpinus occīsus est.

(*In Verrem* II 5.33.86–34.90)

Section 4 E (ii)

Things go from bad to worse. Cleomenes reaches Helorus, disembarks, and hides.
The pirates set fire to the fleet and the whole population comes out to watch.

intereā Cleomenēs, cum Helōrum peruēnisset, sē in terram ē nāue   220
ēiēcit, nāuemque fluctuantem in marī relīquit. reliquī praefectī nāuium,
cum imperātōrem in terram exeuntem uīdissent, secūtī sunt; nam ipsī,
quōrum nāuēs tardiōrēs nāue Cleomenis erant, marī nūllō modō
praedōnēs effugere poterant. tum praedōnum dux, cuius nōmen
Hēracleō erat, quī classem Rōmānam ita facile uictum īrī nōn   225
putāuerat, eam īnflammārī incendīque iussit. Cleomenēs, cum in
pūblicō esse nōn ausus esset, quamquam nox erat, inclūserat sē domī.
Cleomenē domī manente, classis cuius Cleomenēs prīnceps erat ā
praedōnibus incēnsa est.

  ō tempus miserum prōuinciae Siciliae! ō rem calamitōsam! ō istīus   230
nēquitiam! ūnā atque eādem nocte, iūdicēs, uidēre licēbat Verrem
amōre, classem Rōmānam incendiō praedōnum cōnflagrantem. quārum
rērum grauium nūntius Syrācūsās peruēnit ad praetōrium, quō istum ē
conuīuiō redūxerant paulō ante mulierēs cum cantū et symphōniā sed
(ita seuēra erat domī Verris disciplīna) in rē tam grauī nēmo ad •   235
Verrem admittēbātur, nēmo audēbat Verrem dormientem excitāre.
calamitās tamen breuī tempore ab omnibus cognita est; nam nāuīs
cōnflagrantīs cōnspicātī, Syrācūsānī magnam calamitātem acceptam esse

et mox perīculum sibi maximum fore statim intellēxērunt. concursābat
igitur ex urbe tōtā maxima multitūdō.   240

(In Verrem II 5.35.91–3)

Section 4E(iii)

*The pirates, after their brief but unhindered stay at Helorus, decide to go on
an uninterrupted tour of the harbour at Syracuse – an unparalleled
happening.*

42. Syrācūsānōrum moenia.

praedōnēs, cum ūnam illam noctem Helōrī commorātī essent,
cōnflagrantīs nāuīs iam relīquerant et accēdere coepērunt Syrācūsās. quī
praedōnēs uidēlicet saepe audierant nihil esse pulchrius quam
Syrācūsānōrum moenia ac portūs et statuerant sē numquam ea uīsūrōs
esse nisi Verre praetōre. statim igitur sine ūllō metū in ipsum portum   245
penetrāre coepērunt.

    prō dī immortālēs! pīrātica nāuis, tē praetōre, Verrēs, usque ad
forum Syrācūsānōrum accessit! quō numquam Carthāginiēnsēs nāuēs
(dum marī plūrimum poterant), numquam classis Rōmāna tot Pūnicīs
Siciliēnsibusque bellīs accēdere potuērunt, hīc, tē praetōre, praedōnum   250

nāuēs peruagātae sunt. ō spectāculum miserum atque acerbum! ō
factum turpius omnibus quōrum mentiōnem fēcī! huic nāuī pīrāticae
lūdibriō erat urbis glōria, lūdibriō erat populī Rōmānī nōmen, lūdibriō
erat nostrōrum hominum multitūdō quae Syrācūsās habitat.

(In Verrem II 5.36.95—38.100)

Section 4 F (i)

*There follow the final horrors perpetrated by Verres, which Cicero saves up
for the climax of his speech. They involve innocent Roman citizens being put
to death. Here Servilius, whose only crime was to complain a little too freely
about Verres' disgraceful behaviour, is publicly beaten — and dies.*

reliqua causa, iūdicēs, quam nunc agō, nōn ad sociōrum salūtem sed ad   255
cīuium Rōmānōrum uītam et sanguinem pertinet. quā in causā hortor
uōs, quibus loquor, hortor precorque ut operam dīligentissimē dētis,
nēue argūmenta exspectētis. nam, sī uultis, facillimē tōtī Siciliae
persuādēbō ut testis sit.

    nam in forō Lilybaeī cīuis Rōmānus, cui nōmen C. Seruīliō erat,   260
uirgīs et uerberibus ante pedēs Verris abiectus est. num potes negāre,
Verrēs, tē hoc fēcisse? audē hoc prīmum negāre, sī potes: ab omnibus
Lilybaeī uīsum est, ab omnibus tōtā Siciliā audītum. dīcō cīuem
Rōmānum, cum ā līctōribus tuīs caesus esset, ante oculōs tuōs
concidisse. at quam ob causam, dī immortālēs! accidit ut Seruīlius   265
loquerētur līberius dē istīus nēquitiā. quod istī cum nūntiātum esset,
Seruīliō imperāuit ut Lilybaeum uenīret (accidit ut Verrēs Lilybaeī
adesset). Seruīlius igitur, cum Verrēs imperāsset ut adīret, Lilybaeum
uēnit.

(In Verrem II 5.53.139—54.141)

*(When Servilius arrived, Verres challenged him to prove that he (Verres)
had been guilty of crime, and offered to set up a 'court' to hear the 'case'.
Servilius naturally refused, saying it was quite wrong to charge him in this
way.)*

*Faced with Servilius' refusal to accept the 'challenge' and his insistence that
he was innocent, Verres has him flogged till he agrees.*

quae cum Seruīlius uehementer affirmāsset, Verrēs sex līctōribus   270
imperāuit ut eum circumsisterent multaque ōrantem uerberibus
caederent. dēnique proximus līctor, cui Sextiō nōmen erat, oculōs
clāmitantī tundere coepit. itaque ille, cum oculī sanguine complētī

43. līctōrēs.

essent, concidit; nihilōminus Verrēs Sextium hortābātur ut iacentī
latera tunderet. quibus modīs tandem prope morientī persuāsit ut   275
respondēret nēue tacēret. ille, cum ita respondisset ut Verrēs uoluerat,
sēmimortuus sublātus est et breuī tempore posteā est mortuus. iste
autem homo Venereus, adfluēns omnī lepōre et uenustāte, dē bonīs
Seruīlī in aede Veneris argenteum Cupīdinem posuit. sīc etiam fortūnīs
hominum abūtēbātur ad nocturna uōta cupiditātum suārum.   280

(In Verrem II 5.54.142)

Section 4F(ii)

*Cicero's final charge relates to Gavius from Consa who, escaping from Verres'
prison in the mines in Syracuse, was thought to complain a little too loudly.*

Gauius hic, quem dīcō, Cōnsānus erat. ab istō in uincula Syrācūsīs
coniectus erat, sed perfēcit ut clam ē lautumiīs profugeret Messānamque
peruenīret. quō cum peruēnisset, loquī et querī coepit sē, cīuem
Rōmānum, in uincla coniectum esse; sē nunc Rōmam itūrum et
Verrem dēlātūrum. quem in nāuem ingredientem seruī Verris   285
retrāxēre. itaque Gauius statim ad magistrātum dēdūcitur. eō ipsō diē
accidit ut Verrēs Messānam uenīret. quō cum uēnisset, imperāuit ut rēs
tōta sibi dēferrētur. seruī igitur dētulērunt Gauium, cīuem Rōmānum,
questum esse sē Syrācūsīs in uinculīs fuisse; quem iam ingredientem in
nāuem et Verrī minitantem ā sē retractum esse. Verrēs, scelere et   290
furōre īnflammātus, in forum uēnit; ārdēbant oculī, tōtō ex ōre

44. lautumiae.

crūdēlitās ēminēbat. in forum ingressus, repente imperat ut Gauius
mediō in forō nūdētur et dēligētur et caedātur. cum ille miser sē cīuem
Rōmānum esse clāmāret, et Lūcium Raecium equitem Rōmānum
cognitōrem nōmināret, tum iste eum ā Sertōriō in Siciliam missum esse   295
dīcit. deinde imperat seruīs ut hominem nūdent, dēligent, caedant. quae
cum iste imperāuisset, seruī ita fēcēre, et accidit ut mediō in forō
Messānae uirgīs caederētur cīuis Rōmānus, iūdicēs, et nūlla alia uōx
illīus miserī audīrētur nisi haec – 'cīuis Rōmānus sum.' quibus uerbīs
ūsus, persuāsitne Gauius Verrī, ā quō tam atrōciter caedēbātur, ut sibi   300
parceret nēue caederet? minimē, iūdicēs. is enim perfēcit ut nōn modo
caederētur, sed etiam crux (crux! inquam) illī miserō comparārētur. in
crucem ausus est Verrēs hominem agere quī sē cīuem Rōmānum esse
dīcēbat.

(*In Verrem* II 5.61.160–62.162)

Section 4 G(i)

*Cicero wonders what Verres' father would say if he were judging the case. He
points out the unique protection afforded by the claim to be a Roman citizen,
which Verres has abused – and thus closed the world to Roman travellers,
who have relied upon it.*

45. hoc teneō, hīc haereō, iūdicēs.

sī pater ipse Verris nunc adesset et sī nunc iūdicāret, per deōs   305
immortālīs, quid facere posset? quid dīceret? sī audīret ā tē cīuīs
Rōmānōs secūrī percussōs, ā tē archipīrātam līberātum, propter tuam
neglegentiam classem Rōmānam captam atque incēnsam, ā tē dēnique
Gauium in crucem āctum, possēs ab eō ueniam petere, possēs ut tibi
ignōsceret postulāre?   310
    ō nōmen dulce lībertātis! ō iūs eximium nostrae cīuitātis! acciditne
ut cīuis Rōmānus in prōuinciā populī Rōmānī ab eō quī praetor esset in
forō uirgīs caederētur? quid? in crucem tū agere ausus es eum quī sē
cīuem Rōmānum esse dīceret? at ̄enim Gauium speculātōrem fuisse
dīcis et clāmitāsse sē cīuem Rōmānum esse quod moram mortī   315
quaereret. hoc tū, Verrēs, dīcis, hoc tū cōnfitēris, illum clāmitāsse sē
cīuem Rōmānum esse. hoc teneō, hīc haereō, iūdicēs, hōc sum
contentus ūnō, omittō ac neglegō cētera. cīuem Rōmānum sē esse
dīcēbat. sī tū, Verrēs, apud Persās aut in extrēmā Indiā ad supplicium
dūcāris, quid aliud clāmēs nisi tē cīuem esse Rōmānum? sī cīuem tē   320
esse Rōmānum dīcās, nōnne putēs tē aut effugium aut moram mortis
assecūtūrum? hominēs tenuēs, obscūrō locō nātī, nāuigant, adeunt ad ea
loca quae numquam anteā uīdērunt, arbitrātī sē tūtōs fore et hanc rem
sibi praesidiō futūram. sī tollās hanc spem, sī tollās hoc praesidium
cīuibus Rōmānīs, sī cōnstituās nihil esse opis in hāc uōce 'cīuis   325
Rōmānus sum', iam omnīs prōuinciās, iam omnia rēgna, iam omnīs
līberās cīuitātēs, iam omnem orbem terrārum cīuibus Rōmānīs praeclūdās.
                                               (*In Verrem* II 5.63.136–65.163)

Section 4 G (ii)

Cicero asks why Verres did not consult Raecius, and gives a sarcastic picture of what Verres' response would have been to each of Raecius' two possible replies. Verres has been an enemy to the whole civilised Roman world: his crime is indescribable, and would move even the dumb beasts to pity.

quid? cum Gauius Lūcium Raecium equitem Rōmānum quī tum in
Siciliā erat ut cognitōrem nōmināret, cūr litterās ad eum nōn mīsistī? sī
Raecius cognōsceret hominem, aliquid dē summō suppliciō remitterēs;   330
sī ignōrāret, tum, sī ita tibi uidērētur, nouum iūs cōnstituerēs, et eum
quī cognitōrem nōn daret, quamuīs cīuis Rōmānus esset, in crucem
tollerēs.

   sed quid ego plūra dē Gauiō? nōn sōlum Gauiō tum fuistī īnfestus,
Verrēs, sed etiam nōminī, generī, iūrī populī Rōmānī hostis; nōn illī   335
hominī, sed causae commūnī lībertātis inimīcus fuistī. nam facinus est
uincīre cīuem Rōmānum, scelus uerberāre, prope parricīdium necāre:
quid dīcam in crucem tollere? uerbō satis dignō tam nefāria rēs
appellārī nūllō modō potest. sī haec nōn ad cīuīs Rōmānōs, sī nōn ad
aliquōs amīcōs nostrae cīuitātis, sī nōn ad hominēs, sed ad bēstiās   340
conquerī et dēplōrāre uellem, tamen omnia mūta atque inanima
commouērentur...

(*In Verrem* II 5.65.168–67.171)

Section 5

The conspiracy of Catiline in Rome 64–62

The Roman Republic (*rēs pūblica*) traditionally began in 509 (see Introduction p. xiii). The Republic lasted until the dictatorship of Julius Caesar (46–44). In that time, Rome rose from obscurity to undisputed domination of the whole Mediterranean.

By the first century power resided with the highest ranks (*ōrdinēs*) in Roman society, the senators (*senātōrēs* or *patrēs cōnscrīptī*), and the *equitēs* ('knights') who qualified for that rank by wealth.

The Republic was governed by its annually elected officers of state (*magistrātūs*). For the aspiring politician the first rung on the *cursus honōrum* ('course of public office' or 'race of honours') was to be elected *quaestor* (minimum age 30), then *praetor* (minimum age 39) and finally, with luck, one of the two consuls (*cōnsulēs*) (minimum age 42). Along the way it might suit him to hold one or more of the other posts available, such as tribune of the plebs (*tribūnus plebis*) or aedile (*aedīlis*). During their year of office, the consuls were virtual rulers of Rome. The power which they and military and provincial governors (see p. 65) wielded was called *imperium*. All magistrates worked in conjunction with the senate (*senātus*), an advisory body which consisted of all ex-magistrates.

The pursuit of prestige (*glōria*) and status (*dignitās*) was the aim of the ambitious Roman. To this end, he assiduously cultivated political alliances (*amīcitiae*) and personal dependants who could be relied upon to help him (his *clientēs* – 'clients') and whom he could help in turn in his role as their *patrōnus*. The race to the top was fiercely competitive. While 20 quaestors were elected every year, there were only 2 consuls. In the chase for the tiny number of consulships, *nōbilēs* ('nobles' – men from families which had previously produced a consul) constantly claimed a distinct advantage. Men from families which had produced only lower-ranking magistrates in the past would find it more difficult,

46. Cicero.

while those, like Cicero, whose families had never before held any office, would have to overcome that disadvantage to win any of the lower magistracies and only rarely would succeed in getting as far as the consulship. A man from either of these two backgrounds could be described as a *nouus homo* ('new man').

Lucius Sergius Catilina, a noble, was following the normal *cursus honōrum*. Praetor in 68, then governor in Africa in 67, he planned to stand for the consulship in 66, but was charged with extortion (see p. 66). Cicero toyed with the idea of defending him. Finally, acquitted, Catiline stood in 64 for the consulship of 63. For whatever reason – possibly his shady past, possibly prejudice created against him by Cicero – the nobles withdrew their support and Cicero was elected, although he was a *nouus homo* (a fact of which Cicero constantly boasted, together with the fact that he became consul *suō annō*, 'in his year', i.e. at the youngest possible age for becoming consul). This incident and its aftermath are the subjects of the next section.

Gaius Sallustius Crispus the historian

Sallust wrote his history of the Catilinarian conspiracy between 44 (the death of Caesar) and 35 (his own death). Among his other sources, some perhaps first-hand, others written, he probably relied heavily upon Cicero, who had published his own speeches against Catiline in 60. The two writers were both *nouī hominēs* and had in common a loathing for Catiline, whom they portray as the archetypal villain. But their motives were different. In 63–62 Cicero must have felt it to his advantage to make as much of the conspiracy as possible, so that he could be portrayed (and portray himself) as the saviour of his country. Sallust is without this personal political bias. Like most Roman historians after him, Sallust was interested in reflecting upon the lessons which the past could offer and particularly on the way society had degenerated to its contemporary level. This approach often leads him into inaccuracies about the chronology of events, which are often, it seems, almost secondary to the main aim. His analyses of Roman decadence are, however, of great interest. Like the reflections of the poet Virgil, they spring from the experience of the disastrous civil wars of the 40s and early 30s. In the text, you will find that we follow the main line of the story. But it is worth your while reading in translation some of the more philosophical passages. S. A. Handford's Penguin translation is handiest for this purpose.

The strong moral line which Sallust takes about the corruption of Roman society appealed greatly to St Augustine, who called him 'an historian noted for his truthfulness'. Indeed, 'moral truthfulness' of this kind abounds in Roman literature and ensured its survival in the Christian world. The story of Catiline itself has also fascinated later authors. Ben Jonson (1573–1637), a contemporary of Shakespeare, first produced his play *Catiline* in 1611, the year the King James Bible (the so-called 'Authorised Version') was published. Like Shakespeare's *Julius Caesar* and *Coriolanus*, it is an example of Roman historical drama. But whereas Shakespeare used translations as his sources (North's *Plutarch* for these plays), it is clear that Jonson knew and used his sources at first hand.

Note on sources

References are given at the end of each section to Sallust's original text, although the passages still contain much which has been adapted or inserted.

Reference list of characters

N.B.   Most Roman citizens had three names, a *praenōmen* 'forename', a *nōmen* 'gēns (tribe) name' and a *cognōmen* 'family name'. There was a limited number of *praenōmina*, which were abbreviated to initials, as in English. Thus P. = Pūblius, C. = Gāius, L. = Lūcius, Q. = Quīntus, T. = Titus, M. = Mārcus. The named used in the Latin text is here printed in capitals.

A *Conspirators*

Lūcius Sergius CATILĪNA	Noble and *senātor*; *praetor* 68; governor of Africa 67–6; candidate for consulship in 64 and 63; leader of the conspiracy.
P. Cornēlius LENTULUS Sura	*senātor*; he had risen to the consulship, but had been thrown out of the senate in 70 B.C. He made a comeback and was *praetor* in 63; chief conspirator at Rome after Catiline's departure.
P. GABĪNIUS Capitō	*eques*; used by Lentulus as an intermediary with the Allobroges; in the plot to take over Rome, he and Statilius were to start fires.
C. Cornēlius CETHĒGUS	*senātor*; bloodthirsty and impatient; in the plot to take over Rome, he was sent to kill Cicero.
L. STATILIUS	*eques*; in the plot to take over Rome, he and Gabinius were to start fires.
L. CASSIUS Longīnus	*senātor*; only major conspirator not to give incriminating oath to the Allobroges.
L. Calpurnius BĒSTIA	*senātor*; tribune of the plebs 62; in the plot to take over Rome, his speech to an assembly, in which he was to complain of Cicero's measures, was to be the signal for action.
C. MĀNLIUS	Catiline's chief lieutenant; leading an army of debtors in Etruria.
C. CORNĒLIUS	*eques*; with Vargunteius, involved in a foiled plot to kill Cicero.
L. VARGUNTĒIUS	*senātor*; with C. Cornelius, involved in a foiled plot to kill Cicero.

P. UMBRĒNUS	Former businessman in Gaul; tried to induce Allobroges to join the conspiracy.
FAESULĀNUS	unknown soldier from Faesulae; in charge of Catiline's left wing in the final battle.
SEMPRŌNIA	Wife of Decimus Iunius Brutus (consul 77); mother of D. Brutus, one of Caesar's assassins in 44; along with several other noblewomen involved in the conspiracy.

B *Informers against the conspirators*

FULVIA	lover of Q. Curius; induced him to betray the conspiracy.
Q. CURIUS	Ex-*senātor* (removed by the censors for immoral behaviour); lover of Fulvia; betrayed the conspiracy.
ALLOBROGĒS	Ambassadors from this Gallic tribe, whose territory was in Gallia Transalpina (see map p. 113); in Rome to make a complaint to the senate of extortion by Roman officials; Lentulus used P. Umbrenus to induce them to join the conspiracy, but instead they extracted damning evidence and betrayed the plot.
T. VOLTURCIUS	From Croton, a coastal town in Southern Italy; sent by Lentulus with the Allobroges to Catiline, bearing a letter and verbal instructions; captured at the Mulvian bridge, he gave information against the conspirators.

C   Roman authorities and their supporters

Mārcus Tullius CICERŌ	*cōnsul* 63 (a *nouus homo*); chief architect of the conspiracy's failure.
C. ANTŌNIUS	*cōnsul* with Cicero in 63; handed over command to Petreius in the final battle because of gout.
Q. Caecilius METELLUS CELER	*praetor* 63; sent to Picenum to keep the peace; cut off Catiline's retreat to Gaul.
M. PETRĒIUS	a *lēgātus* under the command of C. Antonius in Etruria; commanded the army in the final battle against Catiline.
Q. FABIUS SANGA	*patrōnus* of the Allobroges; used by them as an intermediary with Cicero in the betrayal of the plot.
L. Valerius FLACCUS	*praetor* 63; one of the *praetōrēs* in charge of the operation at the Mulvian Bridge, where the letter from Lentulus to Catiline was captured along with Volturcius.
M. Porcius CATŌ	tribune of the plebs 62; his firm advocacy of the death penalty for the conspirators won the day.

Sallust's introduction to Catiline

Sallust introduces us to Catiline, outlines his character and shady past, and relates the early history of the conspiracy:

In writing about Catiline's conspiracy I will try to be as brief and accurate as I can. It is an affair which I regard as particularly memorable because of the unprecedented nature of the crime and of

47. Sulla.

the danger it caused. Before I begin my narrative I must say a few words about the character of the man himself. Lucius Catiline was born of an aristocratic family. He had enormous mental and physical energy, but his character was evil and depraved. Even when quite young he enjoyed internal wars, murder, robbery, and civil strife, and in these he spent his early manhood. Physically he could endure hunger, cold, and lack of sleep to an incredible degree. He was reckless, cunning, devious, and capable of any kind of pretence or dissimulation; he hankered after other people's property and was lavish with his own; his passions were violent, he had a ready enough tongue but little sense. His desires were immoderate and always directed to the extravagant, the incredible and what was out of reach.

After the period of Sulla's dominance he was taken with an overwhelming ambition to get his hands on public affairs, and provided he could do so was careless of the means to be used. His fierce ambition was continually stirred by his poverty and sense of guilt, both of which he had fed by the practices of which I have spoken. He was driven on also by the corruption of public morals, which were being disturbed by the two complementary evils of extravagance and meanness.

(Catilīnae coniūrātiō 4–5.8)

In a city so large and so corrupt Catiline found it very easy to surround himself with a gang given to every vice and crime. There were shameless gluttons and gamblers who had wasted their family fortunes on gaming or on their stomachs or on sex; there were those convicted of murder or sacrilege, or fearing conviction for other crimes committed; there were those who relied for their support on

48. Rome.

hand and tongue prepared to commit perjury or shed their fellows' blood; there were in a word all those haunted by disgrace, poverty or bad conscience. To Catiline they were all close friends. And any innocent man who happened to become friendly with him was easily assimilated to the rest by the attraction which regular contact brought. But it was chiefly the familiarity with the young that he sought. Their characters were still unformed and easily moulded, and they were readily ensnared. He adjusted his approach to the follies of their age, finding prostitutes for some, buying hounds and horses for others, and in the end sparing neither expense nor modesty to make them submit to his influence. I know there are some who think that the young men who frequented Catiline's household had very little respect for decency; but this opinion gained currency for reasons other than knowledge of its truth.

When he was quite a young man Catiline had had many disgraceful affairs; there was one with a young woman of noble birth, and another with a priestess of Vesta, as well as many similar illegal and sacrilegious relationships. In the end he fell in love with Aurelia Orestilla, in whom no honest man found anything to admire except her good looks; she hesitated to marry him because she did not want a stepson who was already grown up, and it is generally believed that Catiline murdered the young man and so made way for the marriage by crime. This act was in my opinion a prime cause of his forming his conspiracy. His guilty conscience, with crimes against gods and men weighing on it, allowed neither sleep nor rest, and wrought his mind into a state of devastating tension. His face lost its colour, he became pale, with bloodshot eyes and restless gait, and in short showed in every look all the signs of madness. But he taught the young men, whom he had ensnared as I have described, every kind of wickedness. From their number he provided himself with false witnesses and signatories; he taught them to make light of honour, fortune and danger, and when they had no reputation or shame left urged them to still greater crimes. If there was no immediate motive for wrong-doing they waylaid and murdered at random whether there was reason or not; indeed he preferred the cruelty of motiveless crime to the enervation of mind and hand by lack of practice.

These were the friends and accomplices on whom Catiline relied in making his plans to overthrow the government. His own debts in all parts of the world were huge, and most of Sulla's soldiers had wasted their means and were led to long for civil war by memories of their former plunder and victory.[1] There was no army in Italy; Gnaeus Pompeius was waging a war in a distant part of the world;[2] he himself had great hopes of his candidacy for the consulship; the senate was not alerted, and the general peace and quiet provided the opportunity Catiline needed. Accordingly about the first of June in the consulship of Lucius Caesar and Gaius Figulus[3] he started to approach his followers individually, encouraging some and trying out others. He spoke of his own resources, of the unreadiness of the public authorities, and of the great rewards the conspiracy would bring. When his enquiries were complete he called a meeting of the boldest and most desperate.

(Catilīnae coniūrātiō 14–17.2)

When Catiline saw that those to whom I have referred had assembled, though he had had many meetings with them individually he thought a general address of encouragement would be timely, and led them to a private part of the house, and after removing all witnesses addressed them in the following terms.

'If I had not already assured myself of your courage and loyalty, the present opportunity would have presented itself to no purpose. The

---

[1] Sulla had been dictator at Rome 82–79. The veterans of his campaigns were provided with land obtained by massacres and proscriptions of enemies.

[2] Pompey the Great, later to contest the Civil War with Julius Caesar. At this time he was fighting Mithridates, King of Pontus, in the East.

[3] 64.

high hopes of power which are now mine would have been vain, and with none but cowards and faint-hearts to rely on I would not now be running these risks. But you have proved yourselves in many a crisis to be my brave and faithful friends. I have made up my mind to embark on this great and glorious enterprise, knowing well that your ideas of right and wrong coincide with mine. The firmest base for friendship is to share likes and dislikes. I have told you all individually what I have in mind. But my purpose is inflamed still further as time passes by the thought of what our future will be unless we strike a blow to secure our freedom. Public affairs are now in the jurisdiction and control of a few powerful men; it is to them that kings and rulers pay tribute and that peoples and races pay their taxes. The rest of us, energetic and admirable as we are, nobles and commons, are reduced to a vulgar mob, without influence or authority and subservient to those who in a true democracy would stand in awe of us. The consequence is that all influence, power, prestige and wealth is in their hands or in the hands of those they choose; while to us there remain danger, defeat, prosecution and poverty. How long will men of your courage put up with all this? Is it not better to die bravely than to live in misery and dishonour, despised and ridiculed, and die in ignominy? I swear faithfully – by all I hold sacred – that victory is in our grasp. We are young and in good heart; they are physically and financially past their prime. All we need is to act; the result will bring success. How can anyone with any spirit put up with their having an overabundance of riches which they pour away on building in the sea and levelling mountains, while we lack the means to procure the bare necessities of life? They acquire house after house, we have nowhere for our domestic hearth. They buy pictures, statues, embossed silver; they pull down new houses to build still others; they make every conceivable use and misuse of their wealth as it suits them, and still cannot exhaust it. We have poverty in the home, debt outside it, present misery and a hopeless future, nothing left in short except our miserable lives. Wake up, then; there before your very eyes are the liberty, the wealth, the honour and the glory you long for; Fortune offers them all if you succeed. The very enterprise, its opportunity and dangers, your need, the spoils of war, are all beyond the power of my words to describe. Let me lead you or serve in your ranks; my heart and body are yours to command. These are the plans I shall with your help follow as consul, unless I am mistaken in you and you prefer slavery to command.'

His audience were in the depths of misfortune, without hope or means, and thought they would profit greatly from public disorder. None the less, many of them asked him to explain the conditions on which war would be waged, what profit they would get from victory, what their prospects and resources would be. Catiline proceeded to promise cancellation of all debt and proscription of the rich, as well as magistracies, priesthoods, plunder and everything else which war and the licence of victory can offer. He went on to remind them that Piso was in Nearer Spain,[4] and Publius Sittius of Nuceria with an army in Mauretania,[5] both of them being in his plot; that Gaius Antonius was a candidate for the consulship, and he hoped would be his colleague; he added that Antonius was an intimate friend of his and under many pressures; Catiline hoped to initiate his programme when they became joint consuls. He finished with lavish abuse of all good citizens, and flattering commendation of his own gang, mentioning each by name; he recalled the poverty and ambitions of individuals, the danger and disgrace threatening many of them, and the profits many others had made out of Sulla's victory. When he saw he had them sufficiently excited, he urged on them the importance of his candidacy and dismissed the meeting.

There were those who said that Catiline, after he had finished speaking, compelled his accomplices in crime to swear an oath, and carried round bowls containing a mixture of human blood and wine which they had to taste, binding themselves by a solemn oath as if it was a religious rite, before he finally revealed his plan; and his purpose, they added, was to knit them more closely together because of mutual consciousness of their dreadful crime. There were others who believed that these and many other details were invented by people who thought that the prejudice against Cicero which subsequently arose would be moderated by stressing the appalling nature of the crime committed by those whom he had put to death. I have too little evidence to give judgement in a matter of such moment.

(*Catilīnae coniūrātiō* 20–22)

---

[4] As governor. He was killed while journeying through the province.
[5] N. Africa.

Section 5 A (i)

Summer 64. Curius, one of Catiline's backers for the consulship of 63, tells his lover Fulvia about Catiline's plans. She spreads the news and the result is a defeat in the elections for Catiline, a victory for the 'new man' Cicero. This does not stop Catiline's revolutionary plans. He places arms in strategic locations and supplies Manlius (whom he will eventually join) with money.

49. libīdinibus adeō dēditus.

sed in eā coniūrātiōne fuit Q. Curius, nātus haud obscūrō locō,
libīdinibus adeō dēditus, ut eum cēnsōrēs senātū mouērent. huic hominī
tanta uānitās inerat ut nōn posset reticēre quae audierat; tanta īnsolentia
ut numquam sua ipse scelera cēlāret: tanta audācia ut semper dīceret
faceretque quaecumque uolēbat. erat eī cum Fuluiā, muliere nōbilī,   5
stuprī uetus cōnsuētūdō. sed Curius tam pauper factus est ut eī minus
grātus fieret. repente autem adeō glōriārī coepit ut maria montīsque
Fuluiae pollicērētur. et tam īnsolēns ferōxque fiēbat ut eī mortem
interdum minārētur, nisi sibi obnoxia esset. at Fuluia, īnsolentiae Curī
causā cognitā, rem reī pūblicae tam perīculōsam esse putābat, ut,   10
omnia, quae dē Catilīnae coniūrātiōne audierat, multīs nārrāret. eae rēs,
ā Fuluiā nārrātae, in prīmīs effēcērunt ut cōnsulātus M. Tulliō Cicerōnī
mandārētur. namque anteā plēraque nōbilitās tam inuida erat ut
cōnsulātum nouō hominī mandāre nōllent. nam 'polluātur cōnsulātus',
inquiēbant, 'sī eum quamuīs ēgregius homo nouus adipīscātur.' sed ubi   15
perīculum aduēnit, inuidia atque superbia post fuēre. igitur, comitiīs
habitīs, cōnsulēs dēclārantur M. Tullius et C. Antōnius; quod
factum prīmō coniūrātōrēs concusserat. neque tamen Catilīnae furor

minuēbātur, sed in diēs plūra agitāre, arma per Italiam locīs
opportūnīs parāre, pecūniam Faesulās ad Mānlium quendam   20
portāre.

(Catilīnae coniūrātiō 23–24.2)

Section 5 A (ii)

*63. Catiline gathers more supporters, among them some women, whose desire
for a new order is closely related to their vast debts. Sempronia, an extremely
accomplished noblewoman, is one recruit.*

eō tempore plūrimōs hominēs adiūnxisse sibi Catilīna dīcitur, mulierēs
etiam aliquot, quae prīmō ingentīs sūmptūs stuprō tolerāuerant, posteā,
cum propter aetātem quaestum sīc facere nōn possent, in aes aliēnum
maximum inciderant. igitur sē Catilīnae adiūnxērunt ut sē aere aliēnō   25
līberārent, et Catilīna eās in coniūrātiōnem laetus accēpit ut per eās
seruōs urbānōs sollicitāret atque urbem incenderet. uirōs eārum sē uel
adiūnctūrum sibi uel interfectūrum putābat.

sed in eīs erat Semprōnia, quae multa saepe uirīlis audāciae facinora
commīserat. haec mulier genere atque fōrmā, praetereā uirō atque   30

50. cantū et saltātiōne docta.

līberīs satis fortūnāta fuit; litterīs Graecīs et Latīnīs docta, cantū et
saltātiōne magis docta quam necesse est mātrōnae. sed eī cāriōra semper
omnia quam decus atque pudīcitia fuit; libīdo sīc accēnsa, ut saepius
peteret uirōs quam peterētur. uērum ingenium eius haud absurdum;
posse uersūs facere, iocum mouēre, sermōne ūtī uel modestō uel mollī   35
uel procācī. prōrsus multae facētiae multusque lepōs inerat.

(Catilīnae coniūrātiō 24.3–25)

Section 5 A (iii)

*Summer 63. Catiline tries for the consulship of 62, but is again defeated. He
stations his troops throughout Italy. Manlius is stationed at Faesulae. Catiline
plots tirelessly, but gets nowhere. At a night-time meeting (6 November), he
suggests his readiness to depart for the army, if Cicero is done away with
first. C. Cornelius and L. Vargunteius attempt this task (early on the
morning of 7 November), but are foiled.*

hīs rēbus comparātīs, Catilīna nihilōminus in proximum annum
cōnsulātum petēbat. neque intereā quiētus erat, sed omnibus modīs
īnsidiās parābat Cicerōnī. sed Cicerō, ut hās īnsidiās ēuītāret, per
Fuluiam effēcerat ut Q. Curius cōnsilia Catilīnae sibi prōderet. igitur   40
Catilīna postquam diēs comitiōrum uēnit et repulsam tulit, cōnstituit
bellum facere. igitur ut sociōs in dīuersīs partibus Italiae habēret, C.
Mānlium Faesulīs, aliōs aliīs locīs per Italiam posuit. intereā Rōmae
multa simul agere; cōnsulibus īnsidiās collocāre, parāre incendia,
opportūna loca armātīs hominibus obsidēre, ipse cum tēlō esse, sociōs   45
hortārī ut semper intentī parātīque essent; diēs noctīsque festīnāre,
uigilāre, neque īnsomniīs neque labōre fatīgārī. postrēmō cum nihil
prōcessisset, coniūrātiōnis prīncipēs nocte conuocat et 'praemīsī' inquit
'Mānlium ad exercitum, item aliōs in alia loca opportūna, quī initium
bellī faciant. ego nunc ipse ad exercitum proficīscerer, nisi Cicerō etiam   50
uīueret. sed prius Cicerōnem necārī uolō, nē mea cōnsilia impediat.'
quae cum dīxisset, perterritīs cēterīs coniūrātōribus, C. Cornēlius eques
Rōmānus operam suam pollicitus et cum eō L. Vargunteius senātor
cōnstituēre eā nocte paulō post cum armātīs hominibus ad Cicerōnem
introīre ut eum dē imprōuīsō interficerent. Curius, ubi intellegit tantum   55
perīculum cōnsulī impendēre, properē per Fuluiam Cicerōnī dolum quī
parābātur ēnūntiat. nē igitur Cicerō dē imprōuīsō interficerētur, illī
iānuā prohibitī sunt, itaque tantum facinus frūstrā suscēperant.

(Catilīnae coniūrātiō 26–28.3)

Manlius' revolutionary activities in Etruria had induced Cicero to take
official action. On 21 October the senate passed the *senātūs cōnsultum
ultimum*, decreeing that the consuls 'should see to it that the republic
comes to no harm'. On 27 October Manlius led an army into the
field. The consuls reacted by sending out four commanders to take
defensive measures in various regions. One of these, Q. Metellus Celer,
was sent to Picenum (see map p. 113: *Ager Pīcēnus*). At Rome rewards
were offered for information leading to the arrest of conspirators and
night-watches were set. There was an atmosphere of great trepidation
among the people.

Catiline, undeterred by the preparations for defence or by threat of
prosecution, continued plotting. On 8 November (the day after
Cornelius and Vargunteius' attempt on Cicero's life) Catiline attended
the senate. Cicero delivered his speech *In Catilīnam I* (the 'First
Catiline'), a savage attack on Catiline, urging him to leave Rome,
along with his band of thugs. Catiline's defence was rebuffed by the
senate, and the same night he voluntarily left Rome. According to
letters he sent to influential men, he was heading for exile in
Marseilles. But Sallust portrays his intention at that moment as being
to join Manlius, which is in fact what he eventually did.

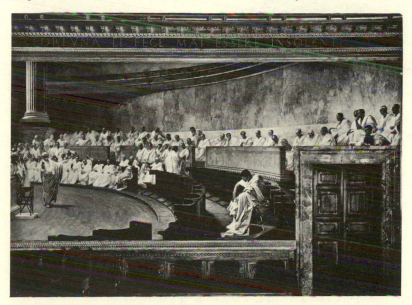

51. Cicero attacking Catiline in the senate.

Meanwhile, in Etruria, Manlius was leading a deputation to the Roman commander who had been sent against him. He complained of the avarice of usurers and of the bondage to which many of his 'soldiers' had been reduced. It was poverty, not treachery, which urged them to revolt. The Roman commander replied that they should lay down their arms and approach the senate.

By mid-November, the news had reached Rome of Catiline's arrival at Manlius' camp. The senate promptly declared them *hostēs* – 'public enemies' – and offered an amnesty by a fixed date to their supporters. The consuls were to enrol troops. Cicero was to take charge of guarding Rome. C. Antonius was to pursue Catiline with an army. At this point Sallust digresses to comment on the great popular support there was for the conspiracy in the city.

Section 5 B (i)

On Catiline's instructions, Lentulus approaches the ambassadors of the Allobroges, a Gallic tribe, via P. Umbrenus (who has done business in Gaul) and tries to draw them into the revolution.

52. Allobrox.

īsdem temporibus Rōmae Lentulus, sīcutī Catilīna praecēperat,
quōscumque nouīs rebus idōneōs esse crēdēbat, aut per sē aut per aliōs   60
sollicitābat. igitur P. Vmbrēnō cuidam negōtium dat ut lēgātōs
Allobrogum requīrat eōsque impellat ad societātem bellī. sciēbat enim
Lentulus Allobrogēs pūblicē prīuātimque aere aliēnō oppressōs et nātūrā
gentem Gallicam bellicōsam esse. exīstimābat igitur fore ut facile ad
tāle cōnsilium addūcerentur. Vmbrēnus, quod in Galliā negōtiātus erat,   65
plērīsque prīncipibus cīuitātum nōtus erat atque eōs nōuerat; itaque sine

morā, ubi⁀prīmum lēgātōs in forō cōnspexit, rogāuit pauca dē statū
cīuitātis et miserō eius cāsū. postquam illōs uīdit querī dē auāritiā
magistrātuum, accūsāre senātum quod in eō nihil auxilī esset, miseriīs
suīs remedium mortem exspectāre, 'at ego' inquit, 'uōbīs, sī modo uirī   70
esse uultis, ratiōnem ostendam quā tanta ista mala effugiātis.' haec ubi
dīxit, Allobrogēs, in maximam spem adductī, ōrāre Vmbrēnum ut suī
miserērētur; nihil tam difficile esse quod nōn factūrī essent, ut cīuitātem
aere aliēnō līberārent. ille eōs in domum quandam perdūcit quae forō
propinqua erat. praetereā Gabīnium arcessit, quō maior auctōritās   75
sermōnī inesset et quō facilius eīs persuādēret. Gabīniō praesente
coniūrātiōnem aperit, nōminat sociōs, praetereā multōs innoxiōs, quō
lēgātīs animus amplior esset. persuāsit eīs ut operam pollicērentur,
deinde pollicitōs operam suam domum dīmittit.

(*Catilīnae coniūrātiō* 39.6–40)

Section 5 B (ii)

The Allobroges decide to betray the conspiracy, not to join it. They use
Q. Fabius Sanga, a patrōnus of their tribe, as an intermediary with Cicero.
Cicero urges them to pretend loyalty to the conspirators.

sed Allobrogēs, quippe quī nōndum coniūrātiōnī sē adiungere   80
cōnstituissent, rem diū cōnsīderābant. in alterā parte erat aes aliēnum,
studium bellī, magna mercēs in spē uictōriae; at in alterā, maiōrēs opēs
cīuitātis Rōmānae, tūta cōnsilia, prō incertā spē certa praemia. haec illīs
uoluentibus, tandem uīcit fortūna reī pūblicae. itaque Q. Fabiō Sangae,
cīuitātis suae patrōnō, rem omnem, utī cognōuerant, aperiunt. Cicerō,   85
per Sangam cōnsiliō cognitō, lēgātīs Allobrogum praecipit ut studium
coniūrātiōnis uehementer simulent, cēterōs adeant, bene polliceantur,
dentque operam ut coniūrātōrēs quam⁀maximē manifestōs faciant.

(*Catilīnae coniūrātiō* 41)

Meanwhile, elsewhere, both in Gaul and in Italy, there were other
stirrings of revolt by agents of Catiline, all firmly handled by the
Roman authorities.

Section 5 B (iii)

At Rome, Lentulus and the others fix the final plans. L. Bestia, tribune of the
plebs, is to make a speech attacking Cicero, when Catiline is near enough to
the city. This will be the signal for Statilius and Gabinius to start fires,
Cethegus to kill Cicero, and the rest to commit other murders.

53. Forum Rōmanum.

at Rōmae Lentulus, cum cēterīs quī prīncipēs coniūrātiōnis erant,
parātīs (ut uidēbātur) magnīs cōpiīs, cōnstituerant utī, cum Catilīna   90
propius cum exercitū uēnisset, L. Bēstia contiōne habitā quererētur dē
āctiōnibus Cicerōnis; cōnstituerant utī, eā contiōne habitā, cētera
multitūdō coniūrātiōnis negōtia exsequerētur. quae negōtia dīuidere
hōc modō cōnstituerant; Statilius et Gabīnius utī cum magnā manū
duodecim simul opportūna loca urbis incenderent, quō facilior aditus   95
ad cōnsulem fieret; Cethēgus utī Cicerōnis iānuam obsidēret eumque,
iānuā frāctā, uī aggrederētur; utī filiī familiārum, quōrum ex nōbilitāte
maxima pars erat, parentīs interficerent; postrēmō utī urbe incēnsā,
Cicerōne necātō, caede et incendiō perculsīs omnibus, ad Catilīnam
ērumperent.   100

(*Catilīnae coniūrātiō* 43.1–2)

Section 5 C (i)

*The Allobroges through Gabinius meet the other conspirators. They demand
an oath from Lentulus, Cethegus, Statilius and Cassius (and receive one from
all except Cassius). With this incriminating evidence on them, they are sent
off by Lentulus with T. Volturcius, to formalise their compact with Catiline,*

who is now with Manlius near Faesulae. Lentulus sends a letter to Catiline
by Volturcius, which contains some words of exhortation for Catiline.

54. litterās ad Catilīnam dat.

sed Allobrogēs, ex praeceptō Cicerōnis, per Gabīnium cēterōs
coniūrātōrēs conueniunt. ab Lentulō, Cethēgō, Statiliō, item Cassiō
postulant iūs‿iūrandum, quod signātum ad ciuīs perferant; aliter haud
facile fore ut ad tantum negōtium impellantur. cēterī nihil suspicantēs
dant, Cassius sē eō breuī uentūrum pollicētur, ac paulō ante lēgātōs ex   105
urbe proficīscitur. quō iūre‿iūrandō datō, Lentulus Allobrogēs ad
Catilīnam cum T. Volturciō quōdam dīmīsit, ut illī, prius‿quam
domum pergerent, cum Catilīnā societātem cōnfirmārent. Lentulus ipse
Volturciō litterās ad Catilīnam dat, quārum exemplum īnfrā scrīptum
est: 110
   'tē hortor utī cōgitēs tuum perīculum. intellegās tē uirum esse.
cōnsīderēs tua cōnsilia. auxilium petās ab omnibus, etiam ab īnfimīs.'
   ad‿hoc mandāta uerbīs dat:
   'ab senātū hostis iūdicātus es. cūr tamen seruōs repudiās? seruōs
accipiās. in urbe parāta sunt quae iussistī. hīs rēbus parātīs, proficīscāris.   115
nōlī cūnctārī ipse propius accēdere.'
                                                    (*Catilīnae coniūrātiō* 44)

Section 5 C (ii)

2 December (night). Cicero arranges for the praetōrēs to catch the Allobroges
and Volturcius with the evidence on the Mulvian bridge (which carries the
road to Gaul over the Tiber to the north of the ancient city). Volturcius in
terror yields.

55. pōns Muluius.

hīs rēbus ita āctīs, cōnstitūtā nocte quā proficīscerentur Allobrogēs,
Cicerō, ā lēgātīs cūncta ēdoctus, praetōribus imperat ut in ponte
Muluiō per īnsidiās Allobrogum comitātūs dēprehendant. sine morā ad
pontem itum est. praetōrēs, hominēs mīlitārēs, sine tumultū praesidiīs   120
collocātīs, sīcutī eīs praeceptum erat, occultē pontem obsident.
postquam ad id locī lēgātī cum Volturciō peruēnērunt et simul
utrimque clāmor exortus est, Gallī, citō cognitō cōnsiliō, sine morā
praetōribus sē trādunt; Volturcius prīmō, cohortātus cēterōs, gladiō sē ā
multitūdine dēfendit. deinde, ubi ā lēgātīs dēsertus est, timidus ac uītae   125
diffīdēns, uelut hostibus sēsē praetōribus dēdit.

(Catilīnae coniūrātiō 45)

Section 5 C (iii)

*3 December (morning). Cicero receives the news. But, with so many
important citizens implicated, he has mixed feelings about it. He ponders what
to do with the conspirators. He decides that he is in favour of uncompromising
action. He has the culprits arrested and brought to the temple of Concord,
where he has summoned a senate meeting. Flaccus the praetor is ordered to
bring the incriminating evidence.*

quibus rēbus cōnfectīs, omnia properē per nūntiōs Cicerōnī dēclārantur.
at illum ingēns cūra atque laetitia simul occupāuēre. nam laetābātur
intellegēns, coniūrātiōne patefactā, cīuitātem perīculīs ēreptam esse;
porrō autem anxius erat, tantīs cīuibus dēprehēnsīs. igitur sīc sēcum   130
loquēbātur:
'cīuīs, quī maximum scelus commīsērunt, iūdicātūrī sumus, ubi eōs
in senātum uocāuerimus. sententiam dīcere mē oportēbit. ego eōs
pūnīrī uolō. nam sī eīs ā nōbīs parcātur, magnō sit reī pūblicae
dēdecorī. immō, nisi pūnītī erunt, putō fore ut reī pūblicae uehementer   135
noceātur. quod sī summum supplicium postulāuerō et cīuēs Rōmānī
iussū cōnsulis morientur, poena illōrum mihi onerī erit. nihilōminus mē
decet rem pūblicam salūtī meae praepōnere. sī hanc sententiam dederō
et hominēs scelestī interfectī erunt, saltem rem pūblicam ab hīs tantīs
perīculīs seruāuerō. sīc placet. mē decet in hāc sententiā mē ipsum   140
cōnstantem praebēre. nec putō fore ut mē huius cōnstantiae umquam
paeniteat.'
igitur Cicerō, cōnfirmātō animō, uocārī ad sēsē iubet Lentulum
coniūrātōrēsque cēterōs. sine morā ueniunt. cōnsul Lentulum, quod
praetor erat, ipse manū tenēns in senātum perdūcit; reliquōs cum   145
custōdibus in aedem Concordiae uenīre iubet. eō senātum aduocat et
Volturcium cum Allobrogibus intrōdūcit. Flaccum praetōrem litterās,
quās ā lēgātīs accēperat, eōdem afferre iubet.

(*Catilīnae coniūrātiō* 46)

56. aedis Concordiae.

Volturcius, turning 'state's evidence' (or had he been an innocent
'dupe' all along?), betrayed the conspirators. The Allobroges described
Lentulus' delusions of grandeur: he used to cite a Sibylline prophecy
that one of his family (the Cornelii) would rule Rome. The senate,
after authenticating the incriminating letter, ordered Lentulus to resign
his office and the others with Lentulus to be held in open custody.
Popular support for the plot evaporated.

57. Cato.

The next day (4 December), a plot to free Lentulus and the others was discovered. Cicero convened the senate on 5 December and asked their advice about what he should do with the prisoners, who had in a recent session already been pronounced guilty of treason. Senate procedure demanded that speakers be called in a strict order. The consul designate (i.e. next year's consul) was the first to be asked and so on. Sallust reports the speeches of Caesar (who advocated an unheard-of penalty of 'life imprisonment') and Cato, a man well-known for his strictness and moral rectitude (who was in favour of the death penalty). In Sallust's view the issue was decided by Cato's speech.

But as a matter of fact, it was the consul's responsibility to make this decision, and Cicero was trying at this meeting to bolster up an unconstitutional measure. It was illegal to execute Roman citizens without trial. It was on this occasion that Cicero made the speech later published as *In Catilinam* IV (the 'fourth Catiline'), in which he spoke in support of the view of the consul designate, D. Iunius Silanus (who recommended the death penalty), as if the matter really were in the hands of the senate.

Here we interrupt Sallust's narrative to see how Cicero justified this severity in the 'fourth Catiline'.

Section 5 D (i)

*My view is based on kindness – towards Rome. You would not think a
father kind, if he failed to punish a slave who had killed his family. So we
will be deemed kind, if we are severe to these men. For Lentulus handed
everything we hold dear over to his cronies Catiline, Cethegus, Gabinius and
Cassius to be destroyed.*

in hāc causā, nōn atrōcitāte animī moueor – quis enim est mē
mītior? – sed singulārī quādam hūmānitāte et misericordiā. uideor enim   150
mihi uidēre hanc urbem, lūcem orbis terrārum atque arcem omnium
gentium, subitō ūnō incendiō concidentem. uersātur mihi ante oculōs
aspectus et furor Cethēgī in uestrā caede bacchantis, Lentulī rēgnantis,
Catilīnae cum exercitū uenientis. cum haec mihi prōpōnō, tum
lāmentātiōnem mātrum familiās, tum fugam uirginum et puerōrum,   155
tum uexātiōnem uirginum Vestālium perhorrēscō, et, quia mihi
uehementer haec uidentur misera atque miseranda, idcircō in eōs, quī
ea perficere uoluērunt, mē seuērum uehementemque praebēbō. etenim
quaerō, sī quis pater familiās, līberīs suīs ā seruō interfectīs, uxōre
occīsā, incēnsā domō, supplicium dē seruīs nōn quam acerbissimum   160
sūmat, utrum is clēmēns ac misericors an inhūmānissimus et
crūdēlissimus esse uideātur? mihi uērō ille importūnus ac ferreus esse
uideātur, nisi dolōre nocentis suum dolōrem lēniat. sīc nōs misericordēs
habēbimur, sī uehementissimī in hīs hominibus fuerimus quī nōs, quī
coniugēs, quī līberōs nostrōs trucīdāre uoluērunt, quī singulās domōs et   165
hoc ūniuersum reī pūblicae domicilium dēlēre cōnātī sunt; sīn
remissiōrēs esse uoluerimus, crūdēlissimī habēbimur.

   nam Lentulus attribuit nōs necandōs Cethēgō et cēterōs cīuīs
interficiendōs Gabīniō; urbem incendendam Cassiō attribuit, tōtam
Italiam uāstandam dīripiendamque Catilīnae. Lentulus ad euertenda   170
fundāmenta reī pūblicae Gallōs arcessit, ad incendendam urbem seruōs
concitat, ad dūcendum contrā urbem exercitum Catilīnam uocat. quid
hōc facinore magis timendum? quid hōc scelere minus neglegendum?

(*In Catilīnam* IV 11–13)

Section 5 D (ii)

*You must not be afraid of seeming too strict. The opposite is more to be
feared. Help is at hand to protect Rome – namely, the whole population.*

quae cum ita sint, nōlīte timēre nē in hōc scelere tam nefandō
seuēriōrēs fuisse uideāminī. multō magis est timendum nē, remissiōne   175

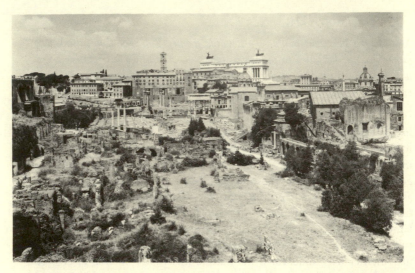

58. plēnum est forum.

poenae, crūdēlēs in patriam fuisse uideāmur. hoc, inquam, magis est
uerendum quam nē nimis uehementēs in acerbissimōs hostīs fuisse
uideāmur. sed audiō, patrēs cōnscrīptī, uōcēs eōrum quī uererī uidentur
ut habeam satis praesidī ad cōnsilia uestra trānsigenda. omnia et prōuīsa
et parāta et cōnstitūta sunt, patrēs cōnscrīptī, cum meā summā cūrā   180
atque dīligentiā, tum maximā populī Rōmānī uoluntāte ad summum
imperium retinendum et ad commūnīs fortūnās cōnseruandās. omnēs
adsunt omnium ōrdinum hominēs, omnium generum, omnium
dēnique aetātum; plēnum est forum, plēna templa circum forum, plēnī
omnēs aditūs huius templī ac locī.   185

(In Catilīnam IV 13–14)

Section 5 D (iii)

This is the only issue which brings all classes together. What eques,
tribūnus aerārius *or even slave is there who does not want to defend the
state?*

haec est causa sōla in quā omnēs eadem sentiant. quis enim est quī nōn
studiō et dīligentiā ad salūtem patriae dēfendendam dignitātemque
cōnseruandam cōnsentiat? quis eques est, quem haec causa nōn ad
concordiam cīuitātis coniungat? quis tribūnus aerārius, quī nōn parī
studiō dēfendendae reī pūblicae conueniat? quis dēnique est cui nōn   190

haec templa, aspectus urbis, possessiō lībertātis cum cārissima sit, tum
dulcissima et iūcundissima? seruus est nēmō quī nōn audāciam cīuium
perhorrēscat, quī nōn hanc cīuitātem stāre cupiat, quī nōn ad salūtem
reī pūblicae dēfendendam parātus sit, quantum audet et potest.

(*In Catilīnam IV* 14–16)

Section 5 D (iv)

You have the Roman people behind you. Take care you do not fail them.
Our very native land begs you, and you have to consider the lives and
fortunes of all. Beware of allowing such crimes to be repeated or even
considered again.

59. ignis Vestae.

quae cum ita sint, patrēs cōnscrīptī, uōbīs populī Rōmānī praesidia nōn   195
dēsunt; prōuidendum est nē uōs populō Rōmānō dēesse uideāminī.
habētis cōnsulem parātum nōn ad uītam suam dēfendendam, sed ad
uestram salūtem cūrandam. omnēs ōrdinēs ad cōnseruandam rem
pūblicam mente, uoluntāte, uōce cōnsentiunt. patria commūnis, obsessa
facibus et tēlīs impiae coniūrātiōnis, uōbīs supplex manūs tendit, uōbīs   200
sē, uōbīs uītam omnium cīuium, uōbīs ārās Penātium, uōbīs illum
ignem Vestae sempiternum, uōbīs omnium deōrum templa
commendat. praetereā dē uestrā uītā, dē coniugum uestrārum atque
līberōrum animā, dē fortūnīs omnium hodiē uōbīs iūdicandum est.
habētis ducem memorem uestrī, oblītum suī. habētis omnīs ōrdinēs,   205
omnīs hominēs, ūniuersum populum Rōmānum ūnum atque idem
sentientem. cōgitāte! imperium tantīs labōribus fundātum, lībertātem
tantā uirtūte stabilītam, fortūnās tantā deōrum benignitāte auctās ūna
nox paene dēlēuit. id nē umquam posthāc cōnficī possit ā cīuibus, hodiē
prōuidendum est. immō uērō hodiē uōbīs prōuidendum est nē id   210
umquam posthāc uel cōgitārī possit ā cīuibus.

(*In Catilīnam IV* 18–19)

Section 5 E (i)

We now rejoin Sallust's narrative. 5 December (night). Cicero, fearful of delay, gives orders for the executions. Lentulus, Cethegus, Statilius and Gabinius are taken to the Tullianum, a vile subterranean dungeon, and garotted.

60. Lentulum in carcerem dēdūcit.

postquam senātus in Catōnis sententiam discessit, Cicerō, ueritus nē quid eā nocte nouārētur, triumuirōs omnia, quae ad supplicium postulābantur, parāre iubet. dum triumuirī, ab eō iussī, haec parābant, cōnsul praesidia dispōnēbat. ipse praesidiīs dispositīs Lentulum in   215
carcerem dēdūcit. cēterī carcerem intrant ā praetōribus dēductī. est in carcere locus, Tulliānum appellātus, circiter duodecim pedēs humī dēpressus, cuius faciēs incultū, tenebrīs, odōre foedāta, terribilis est. in eum locum dēmissus Lentulus ibi manēbat, dum uindicēs rērum capitālium, quibus praeceptum erat, laqueō gulam frangerent; quod   220
tandem fēcērunt. ita ille patricius, ex gente clārissimā Cornēliōrum, quī cōnsulāre imperium Rōmae habuerat, dignam mōribus factīsque suīs mortem inuēnit. dē Cethēgō, Statiliō, Gabīniō eōdem modō supplicium sūmptum est.

(Catilīnae coniūrātiō 55)

Section 5 E (ii)

Late December 63 to early January 62. Catiline meanwhile marshals his poorly equipped army into two legions. He avoids an encounter with the

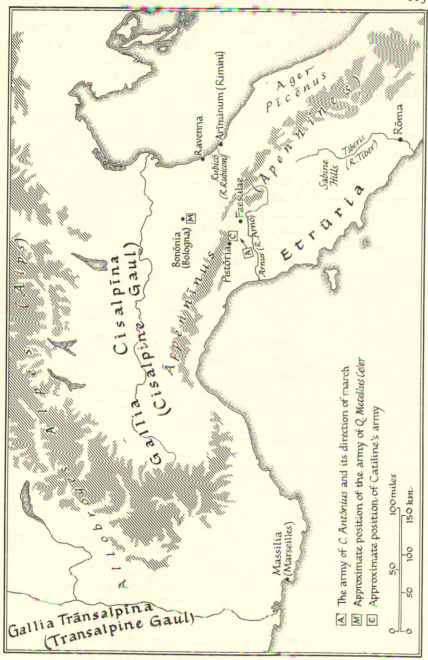

A | The army of C. *Antōnius* and its direction of march
M | Approximate position of the army of Q. *Metellus Celer*
C | Approximate position of Catiline's army

0   50   100 miles
0   50   100   150 km

5. Catiline: the final phase.

consul Antonius' army (which is approaching from Rome) since he hopes any day to receive reinforcements from the city. When news of Lentulus' execution comes, and despite desertions, Catiline marches across the mountains (the Apennines), heading for Gaul. But Q. Metellus Celer cuts off his escape route. Catiline decides to fight Antonius' army.

dum ea Rōmae geruntur, Catilīna ex omnī cōpiā, quam et ipse   225
addūxerat et Mānlius habuerat, duās legiōnēs īnstituit. sed ex
omnī cōpiā circiter pars quārta erat mīlitāribus armīs īnstructa, cēterī
sparōs aut lanceās aut praeacūtās sudīs portābant. sed postquam
Antōnius cum exercitū aduentābat, Catilīna, perīculō perturbātus, per
montīs iter facere. modo ad urbem modo ad Galliam castra mouēre,   230
hostibus occāsiōnem pugnae nōn dare. spērābat breuī tempore magnās
cōpiās sēsē habitūrum, dum Rōmae sociī cōnsilia perficerent. intereā
seruōs repudiābat, ueritus nē uidērētur causam cīuium cum seruīs
fugitīuīs commūnicāuisse. sed postquam in castra nūntius peruēnit,
Rōmae coniūrātiōnem patefactam esse et dē Lentulō coniūrātōribusque   235
cēterīs supplicium sūmptum, plērīque quī sē rapīnārum causā Catilīnae
coniūnxissent, dīlābuntur. reliquōs Catilīna, agmine īnstructō, per
montīs asperōs magnīs itineribus in agrum Pistōriēnsem abdūcit, eō
cōnsiliō ut occultē perfugeret in Galliam Trānsalpīnam. at Q. Metellus
Celer, ā senātū missus, cum tribus legiōnibus in agrō Pīcēnō   240
exspectābat dum Catilīna castra in Galliam mouēret. nam ex difficultāte
rērum exīstimābat fore ut Catilīna perfugeret in Galliam Trānsalpīnam,
antequam legiōnibus Rōmānīs interclūderētur.

   igitur Metellus, ubi iter eius ex perfugīs cognōuit, castra properē
mōuit, ac sub ipsīs rādīcibus montium cōnsēdit, quā Catilīnae   245
dēscēnsus erat in Galliam properantī. neque tamen Antōnius procul
aberat, utpote quī locīs aequiōribus sequerētur. sed Catilīna, postquam
uidet sēsē montibus et cōpiīs hostium clausum esse et in urbe rēs
aduersās, neque fugae neque praesidī ūllam spem, cōnstituit in tālī rē
fortūnam bellī temptāre et cum Antōniō quam prīmum cōnflīgere.   250

                                  (*Catilīnae coniūrātiō* 56–57.5)

   ### Section 5 F (i)

Catiline speaks to his troops before the battle, reminds them what situation they are in and that they have no choice but to fight, if they are to retain their country, liberty and lives.

itaque contiōne aduocātā huiuscemodī ōrātiōnem habuit.
   'nōuī, mīlitēs, uerba uirtūtem nōn addere, neque exercitum fortem

ex timidō fierī ōrātiōne imperātōris. sed dīcam cūr uōs contuderinim
et cūr ōrātiōnem habeam. idcircō uōs aduocāuī, quō pauca monērem,
simul utī causam meī cōnsilī aperīrem. scītis equidem, mīlitēs, dē   255
ignāuiā Lentulī. igitur scītis nōn sōlum quam ignāuus Lentulus fuerit,
sed etiam quantum perīculī haec ignāuia nōbīs attulerit. nunc uērō quō
locō rēs nostrae sint, omnēs intellegitis. nam uidētis nōn sōlum quot
hostēs nōs persecūtī sint, sed etiam quantī exercitūs, ūnus ab urbe, alter
ā Galliā, nōbīs obstent. frūmentī egestās nōs impedit quōminus in hīs   260
locīs maneāmus. quōcumque īre placet, nōn dubium est quīn ferrō iter
aperiendum sit. quae cum sciātis, uōs moneō utī fortī et parātō animō
sītis, et cum proelium inībitis, utī mineminerītis quantam spem in hōc
proeliō posuerītis. oportet uōs meminisse nōs dīuitiās, decus, glōriam,
praetereā lībertātem atque patriam in dextrīs nostrīs portāre. sī   265
uīcerimus, nōn dubium est quīn omnia nōbīs tūta sint. sī metū
cesserimus, eadem illa aduersa fīent. praetereā, mīlitēs, nōn eadem nōbīs
et illīs necessitūdō impendet. nam nōs prō patriā, prō lībertāte, prō uītā
certāmus, illī prō potentiā paucōrum. nēmō igitur uestrum est quīn
sciat causam nostram iūstam esse. ergō audācius aggrediminī, memorēs   270
prīstinae uirtūtis.'

                              (*Catilīnae coniūrātiō* 57.6–58.12)

Section 5 F (ii)

'*Had you not taken this course, most of you would have lived out your lives
in exile. But you all opted for this course. Now it will take courage to
succeed. There is no safety in running away. But I have good hopes of
victory, since necessity is driving you. Even if you lose, take some of the
enemy with you!*'

plērīque uestrum, nisi coniūrātiōnis participēs factī essētis, cum summā
turpitūdine in exsiliō aetātem ēgissētis. nōn nūllī uestrum Rōmae uīuere
potuistis; quod sī ibi mānsissētis āmissīs bonīs, nīl nisi aliēnās opēs
exspectāuissētis; illa fēcissētis, nisi foeda atque intoleranda uōbīs uīsa   275
essent. mē potius sequī cōnstituistis. sī rem bene gerere uultis, audāciā
opus est. nam in fugā salūtem spērāre, ea uērō dēmentia est.
  'cum uōs cōnsīderō, mīlitēs, magna mē spēs uictōriae tenet. sī enim
sociī ignāuī fuissētis, hoc cōnsilium numquam cēpissem. animus, aetās,
uirtūs uestra mē impediunt quōminus dēspērem, praetereā necessitūdō,   280
quae etiam timidōs fortīs facit. nam saepe mīlitēs metus superāuisset,
nisi eōs necessitūdō pugnāre coēgisset. quod sī uirtūtī uestrae fortūna

inuīderit, cauēte inultī animam āmittātis, neu captī sīcutī pecora
trucīdēminī! nīl uōs impedit quīn, mōre uirōrum pugnantēs, cruentam
atque lūctuōsam uictōriam hostibus relinquātis!   285
  'scītis cūr uōs conuocāuerim. postquam in proelium inieritis, sciam
utrum frūstrā locūtus sim necne.'

                                             (*Catilīnae coniūrātiō* 58.13–58.21)

Section 5 G (i)

*The two sides prepare for battle. Catiline takes precautions so that his soldiers
have equal chances of survival. Manlius is put in charge of the conspirators'
right wing, a Faesulan of the left. On the Roman side Antonius' gout forces
him to give command to M. Petreius, an experienced soldier, who knows the
men and encourages them accordingly.*

quae cum dīxisset, paulum commorātus Catilīna signa canere iubet
atque ōrdinēs in locum aequum dēdūcit. deinde remōtīs omnium equīs,
quō mīlitibus, exaequātō perīculō, animus amplior esset, ipse pedes   290
exercitum prō locō atque cōpiīs īnstruit. octō cohortīs īn fronte posuit,
reliquārum signa īn subsidiō collocat. ab eīs centuriōnēs, ex mīlitibus
optimum quemque armātum, in prīmam aciem dūcit. quibus rēbus
factīs, Mānlium dextrō cornū, Faesulānum quendam sinistrō cornū
praeficit.   295
  at ex alterā parte C. Antōnius pedibus aeger M. Petrēiō lēgātō
exercitum permittit. ille cohortīs ueterānās in fronte, post eās cēterum
exercitum in subsidiīs locat. ipse equō circumiēns ūnum quemque
nōmināns appellat atque hortātur; rogat ut meminerint sē contrā
latrōnēs inermīs prō līberīs, prō ārīs atque focīs certāre. homo mīlitāris,   30c
quod amplius annōs trīgintā in exercitū fuerat, mīlitem quemque et
facta cuiusque fortia nōuerat. igitur circumeundō et ūnum quemque
nōminandō et facta cuiusque nārrandō, mīlitum animōs accendēbat.
cum omnīs circumīsset, mīlitēs ad pugnandum, ad interficiendum, ad
moriendum erant parātī.   30:

                                                       (*Catilīnae coniūrātiō* 59)

Section 5 G (ii)

*The battle begins and is ferociously contested. Catiline displays astounding
activity, both as soldier and general. Petreius breaks the centre. Manlius and
the Faesulan die in the front line. Catiline, seeing the position is hopeless,
plunges into the thick of the fighting and is stabbed.*

sed ubi, omnibus rēbus explōrātīs, Petrēius tubā signum dat, cohortīs
paulātim incēdere iubet. idem facit hostium exercitus. postquam eō
uentum est unde ā ferentāriīs proelium committī posset, exercitus
uterque maximō clāmōre cum īnfestīs signīs concurrunt. pīla omittunt,
gladiīs rēs geritur. ueterānī, prīstinae uirtūtis memorēs, comminus   310
ācriter īnstāre. illī haud timidī resistunt. maximā uī certātur. intereā
Catilīna, cum expedītīs in prīmā aciē uersārī, labōrantibus succurrere,
integrōs prō sauciīs arcessere, omnia prōuidēre, multum ipse pugnāre,
saepe hostem ferīre; strēnuī mīlitis et bonī imperātōris officia simul
exsequēbātur. Petrēius, ubi uidet Catilīnam, contrā ac ratus erat,   315
magnā uī tendere, cohortem praetōriam in mediōs hostīs indūcit,
eōsque perturbātōs atque aliōs alibī resistentīs interficit. deinde utrōque
ex latere cēterōs aggreditur. Mānlius et Faesulānus in prīmīs pugnantēs
cadunt. Catilīna, postquam fūsās cōpiās sēque cum paucīs relictum
uidet, memor generis atque prīstinae suae dignitātis, in cōnfertissimōs   320
hostīs incurrit, ibīque pugnāns cōnfoditur.

(*Catilīnae coniūrātiō* 60)

61. utrōque ex latere cēterōs aggreditur.

Section 5 G (iii)

Aftermath. The mettle of Catiline's troops is now clear. There has been no retreat, no wounds in the back. Catiline is found deep in the enemy lines, still breathing. No free man has been taken alive. But the victory is a sour one, as the best soldiers are dead or wounded and visitors to the battlefield find friends and relatives among the dead.

sed cōnfectō proeliō, tum uērō cernerēs quanta audācia quantaque animī uīs fuisset in exercitū Catilīnae. nam ferē quem quisque uīuus pugnandō locum cēperat, eum āmissā animā corpore tegēbat. nec quisquam nisi aduersō uulnere conciderat. Catilīna uērō longē ā suīs   325
inter hostium cadāuera repertus est, paululum etiam spīrāns, ferōciamque animī, quam habuerat uīuus, in uultū retinēns. postrēmō ex omnī cōpiā neque in proeliō neque in fugā quisquam cīuis ingenuus captus est.

    neque tamen exercitus populī Rōmānī laetam aut incruentam   330
uictōriam adeptus erat. nam strēnuissimus quisque aut occiderat in proeliō aut grauiter uulnerātus discesserat. multī autem quī ē castrīs uīsendī aut spoliandī grātiā prōcesserant, uoluentēs hostīlia cadāuera, amīcum aliī, pars hospitem aut cognātum reperiēbant. fuēre item quī inimīcōs suōs cognōscerent. ita uariē per omnem exercitum laetitia,   335
maeror, lūctus atque gaudia agitābantur.

(Catilīnae coniūrātiō 61)

Section 6
Poetry and politics:
Caesar to Augustus

Section 6 A   High life and high society:
Catullus (*c.* 84–*c.* 54 B.C.)

1 DINNERS, FRIENDS AND POETRY

All Roman literature that we have from the Republican period reflects
Roman high society, and its moral and political values. But the *grauitās*
of the great has been counterbalanced by the frivolity of the young. In
Cicero's day, a group of young poets within this social milieu was
cultivating a lighter, though learned, style of writing. These poets
included Gaius Valerius Catullus and Licinius Calvus. Cicero called
them *neōteroi*, a Greek word meaning 'the younger set', or
'revolutionaries', but he did not mean it to be complimentary. Their
subjects ranged from obscene lampoon through love poetry to
'epyllion', a short and intensely learned epic which they modelled
upon works by Greek writers based in Alexandria (third to first
century).

Section 6 A (i)

*Catullus promises his friend Fabullus a wonderful meal – as long as Fabullus
brings all the necessaries. But Catullus can offer one thing.*

> cēnābis bene, mī Fabulle, apud mē
> paucīs, sī tibi dī fauent, diēbus,
> sī tēcum attuleris bonam atque magnam
> cēnam, nōn sine candidā puellā
> et uīnō et sale et omnibus cachinnīs.
> haec sī, inquam, attuleris, uenuste noster,
> cēnābis bene; nam tuī Catullī

5

62. cēnābis bene.

plēnus sacculus est arāneārum.
sed contrā accipiēs merōs amōrēs
seu quid suāuius ēlegantiusue est: 10
nam unguentum dabo, quod meae puellae
dōnārunt Venerēs Cupīdinēsque,
quod tū cum olfaciēs, deōs rogābis,
tōtum ut tē faciant, Fabulle, nāsum.

Catullus 13

Section 6 A (ii)

Catullus warns Asinius to stop stealing the napkins. It is unsophisticated, and the last napkin he stole holds special memories for Catullus.

Marrūcīne Asinī, manū sinistrā
nōn bellē ūteris: in iocō atque uīnō
tollis lintea neglegentiōrum.
hoc salsum esse putās? fugit tē, inepte:
quamuīs sordida rēs et inuenusta est.   5
nōn crēdis mihi? crēde Pōlliōnī

frātrī, quī tua fūrta uel talentō
mūtārī uelit: est enim lepōrum
differtus puer ac facētiārum.
quārē aut hendecasyllabōs trecentōs   10
exspectā, aut mihi linteum remitte,
quod mē nōn mouet aestimātiōne,
uērum est mnēmosynum meī sodālis.
nam sūdāria Saetaba ex Hibērīs
mīsērunt mihi mūnerī Fabullus   15
et Vērānius: haec amem necesse est
ut Vērāniolum meum et Fabullum.

Catullus 12

Section 6 A (iii)

After spending yesterday in poetic play with you, Licinius, I could hardly
sleep. So I have written this poem for you.

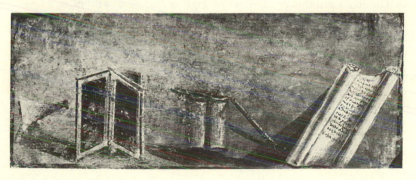

63. in meīs tabellīs.

hesternō, Licinī, diē ōtiōsī
multum lūsimus in meīs tabellīs,
ut conuēnerat esse dēlicātōs:
scrībēns uersiculōs uterque nostrum
lūdēbat numerō modo hōc modo illōc,   5
reddēns mūtua per iocum atque uīnum.
atque illinc abiī tuō lepōre
incēnsus, Licinī, facētiīsque,
ut nec mē miserum cibus iuuāret
nec somnus tegeret quiēte ocellōs,   10

                sed tōtō indomitus furōre lectō
                uersārer, cupiēns uidēre lūcem,
                ut tēcum loquerer simulque ut essem.
                at dēfessa labōre membra postquam
                sēmimortua lectulō iacēbant,   15
                hoc, iūcunde, tibī poēma fēci,
                ex quō perspicerēs meum dolōrem.
                nunc audāx caue sīs, precēsque nostrās,
                ōrāmus, caue dēspuās, ocelle,
                nē poenās Nemesis reposcat ā tē.   20
                est uēmēns dea: laedere hanc cauētō.

                                                        Catullus 50

2 CATULLUS AND LESBIA

A fairly large number of Catullus' poems are either addressed to or
refer to Lesbia. It is widely believed that this name was a pseudonym
for Clodia, a prominent member of high society and wife of an
ex-consul Q. Metellus Celer, and that Catullus had had an adulterous
affair with her at some time before her husband died in 59. When the
affair ended, Catullus was bitter and attacked Lesbia vehemently.

*The following four poems are taken from different stages of the relationship:
5 and 7 come before the break-up, 8 and 11 after it.*

Section 6 A (iv)

*Let us love and store up kisses while we can, and ignore what the envious
say about us.*

                uīuāmus mea Lesbia, atque amēmus,
                rūmōrēsque senum seuēriōrum
                omnīs ūnius aestimēmus assis!
                sōlēs occidere et redīre possunt:
                nōbīs cum semel occidit breuis lūx,   5
                nox est perpetua ūna dormienda.
                dā mī bāsia mīlle, deinde centum,
                dein mīlle altera, dein secunda centum,
                deinde usque altera mīlle, deinde centum.
                dein, cum mīlia multa fēcerīmus,   10
                conturbābimus illa, nē sciāmus,

64. dā mī bāsia mīlle.

aut nē quis malus inuidēre possit,
cum tantum sciat esse bāsiōrum.

Catullus 5

Section 6A (v)

How many of your kisses will satisfy me? An infinite number.

quaeris, quot mihi bāsiātiōnēs
tuae, Lesbia, sint satis superque.
quam magnus numerus Libyssae harēnae
lāsarpīciferīs iacet Cyrēnīs
ōrāclum Iouis inter aestuōsī   5
et Battī ueteris sacrum sepulcrum;
aut quam sīdera multa, cum tacet nox,
fūrtīuōs hominum uident amōrēs:
tam tē bāsia multa bāsiāre
uēsānō satis et super Catullō est,   10
quae nec pernumerāre cūriōsī
possint nec mala fascināre lingua.

Catullus 7

Section 6 A (vi)

For all the pleasure she once gave, she has gone, Catullus, for good. So abandon her — despite the pain.

miser Catulle, dēsinās ineptīre,
et quod uidēs perīsse perditum dūcās.
fulsēre quondam candidī tibī sōlēs,
cum uentitābās quō puella dūcēbat
amāta nōbīs quantum amābitur nūlla.   5
ibi illa multa cum iocōsa fīēbant,
quae tū uolēbās nec puella nōlēbat,
fulsēre uērē candidī tibī sōlēs.
nunc iam illa nōn uolt: tū quoque inpotēns nōlī,
nec quae fugit sectāre, nec miser uīue,   10
sed obstinātā mente perfer, obdūrā.
ualē, puella. iam Catullus obdūrat,
nec tē requīret nec rogābit inuītam.
at tū dolēbis, cum rogāberis nūlla.
scelesta, uae tē, quae tibī manet uīta?   15
quis nunc tē adībit? cūī uidēberis bella?
quem nunc amābis? cuius esse dīcēris?
quem bāsiābis? cūī labella mordēbis?
at tū, Catulle, dēstinātus obdūrā.

Catullus 8

Section 6 A (vii)

Furius and Aurelius, prepared to go wherever Catullus goes, take this brief message to Lesbia: let her live with her lovers and forget my love.

Fūrī et Aurēlī, comitēs Catullī,
sīue in extrēmōs penetrābit Indōs,
lītus ut longē resonante Eōā
    tunditur undā,
sīue in Hyrcānōs Arabasue mollīs,   5
seu Sagās sagittiferōsue Parthōs,
sīue quae septemgeminus colōrat
    aequora Nīlus,
sīue trāns altās gradiētur Alpēs,
Caesaris uīsēns monimenta magnī,   10

> Gallicum Rhēnum horribile aequor ulti-
>   mōsque Britannōs,
> omnia haec, quaecumque feret uoluntās
> caelitum, temptāre simul parātī,
> pauca nūntiāte meae puellae   15
>   nōn bona dicta.
> cum suīs uīuat ualeatque moechīs,
> quōs simul complexa tenet trecentōs,
> nūllum amāns uērē, sed identidem omnium
>   īlia rumpēns;   20
> nec meum respectet, ut ante, amōrem,
> quī illius culpā cecidit uelut prātī
> ultimī flōs, praetereunte postquam
>   tāctus arātrō est.

Catullus 11

65. īlia rumpēns.

Section 6 B   49: Cicero, Caelius and the approach of Civil War

In 51 Cicero was sent out with proconsular power to govern Cilicia (see map p. x). He was going to be out of Rome during a crucial period. Soon after his consulship of 63, the men whose ambition was threatening to crush the Republic – Pompey (*Pompēius*) and Caesar notably – had combined in an uncharacteristic alliance to get a securer grip on power. In 59 Caesar, as consul, arranged a special command for himself, which gave him control of Illyricum and the province of Gaul, and from 58–49 he proceeded to pacify and conquer Gaul, and made a first incursion into Britain. Pompey, who had already won many victories in the East in the 60s, had these conquests ratified. In 55, he was given command of the armies in Spain. The third member of this so-called 'triumvirate', Crassus, was given a command against the Parthians, but died in battle against them at Carrhae in 53. Cicero had suffered directly from this combination of ambitious men. He had spent 58–57 in exile. He was well aware that Rome was in the grip of Pompey and Caesar. So when he left Rome to take up his position in Cilicia, he charged his protégé Marcus Caelius Rufus, whom he had successfully defended on a charge of attempting to poison Clodia, to report on developments there. This selection of letters concentrates on the developing crisis of 49, as Pompey and Caesar headed towards civil war. The question for politically active people was – with whom should they throw in their lot?

Section 6 B (i)

Caelius tells Cicero of the arrangements he has made for keeping him abreast of events in Rome.

CAELIVS CICERŌNĪ S.(alūtem dīcit)
RŌMAE A.(b) V.(rbe) C.(onditā) 703 (= 51), c. 26 May

discēdēns pollicitus sum mē omnīs rēs urbānās dīligentissimē tibi
perscrīptūrum. data tanta opera est ut uerear nē tibi nimium argūta
haec sēdulitās uideātur; tametsī sciō tū quam sīs cūriōsus, et quam
omnibus peregrīnantibus grātum sit minimārum quoque rērum quae
domī gerantur fierī certiōrēs. tamen in hōc tē dēprecor nē meum hoc   5
officium adrogantiae condemnēs; nam hunc labōrem alterī dēlēgāuī,
nōn quīn mihi suāuissimum sit tuae memoriae operam dare, sed ipsum

66. uolūmen.

uolūmen, quod tibi mīsī, facile (ut ego arbitror) mē excūsat. nesciō
cuius ōtī esset nōn modo perscrībere haec, sed omnīnō animaduertere;
omnia enim sunt ibi senātūs⌒cōnsulta, ēdicta, fābulae, rūmōrēs. quod   10
exemplum sī forte minus tē dēlectārit, nē molestiam tibi cum impēnsā
meā exhibeam, fac mē certiōrem. sī quid in rē pūblicā maius āctum
erit, quod istī operāriī minus commodē persequī possint, et
quem⌒ad⌒modum āctum sit, et quae exīstimātiō secūta quaeque dē eō
spēs sit, dīligenter tibi perscrībēmus. ut nunc est, nūlla magnopere   15
exspectātiō est.

(*Ad familiārēs* 8.1)

Section 6 B (ii)

*Caelius requests information about Pompey (at this time in Greece) and gives
some reports on Caesar's position in Gaul, following the Gallic revolt of 52.*

tū sī Pompēium, ut uolēbās, offendistī, fac mihi perscrībās quī tibi uīsus
sit, et quam ōrātiōnem habuerit tēcum, quamque ostenderit uoluntātem
(solet enim aliud sentīre et loquī). quod ad Caesarem, crēbrī et nōn
bellī dē eō rūmōrēs, sed susurrātōrēs dumtaxat ueniunt. alius dīcit   20
Caesarem equitem perdidisse (quod, ut opīnor, certē fictum est); alius
septimam legiōnem uāpulāsse, ipsum apud Bellouacōs
circumsedērī interclūsum ab reliquō exercitū; neque adhūc certī
quicquam est, neque haec incerta tamen uulgō iactantur, sed inter
paucōs, quōs tū nōstī, palam sēcrētō nārrantur.   25

(*Ad familiārēs* 8.1)

Section 6 B (iii)

*Cicero rebukes Caelius for not telling him what he really wants to know
about events in Rome, and reports (circumspectly) on his meeting with
Pompey.*

M. CICERŌ PRŌCŌS. S.D. M. CAELIŌ
Athens, 6 July 51

quid? tū mē hoc tibi mandāsse exīstimās, ut mihi perscrībēs
gladiātōrum compositiōnēs, et uadimōnia dīlāta et ea quae nōbīs, cum
Rōmae sumus, nārrāre nēmo audeat? nēˉ illaˉquidem cūrō mihi scrībās
quae maximīs in rēbus reī pūblicae geruntur cotīdiē, nisi quid ad mē   30
ipsum pertinēbit; scrībent aliī, multī nūntiābunt, perferet multa etiam
ipse rūmor. quārē ego nec praeterita nec praesentia abs tē, sed
(ut ab homine longē in posterum prōspiciente) futūra exspectō, ut, ex
tuīs litterīs cum fōrmam reī pūblicae uīderim, quāle aedificium
futūrum sit scīre possim.   35
   cum Pompēiō complūrīs diēs nūllīs in aliīs nisi dē rē pūblicā
sermōnibus uersātus sum; quae nec possunt scrībī nec scrībenda sunt.
tantum habētō, cīuem ēgregium esse Pompēium, ad omnia quae
prōuidenda sunt in rē pūblicā et animō et cōnsiliō parātum. quārē dā tē
hominī; complectētur, mihi crēde. iam īdem Pompēiō et bonī et malī   40
cīuēs uidentur quī nōbīs uidērī solent.

(Ad familiārēs 2.8)

67. gladiātōrum compositiōnēs.

Later in 51 Caelius was elected curule aedile, an important step on the
cursus honōrum. One of his new duties was to stage public games.
Caelius became very anxious about the animals to appear in the
uēnātiōnēs (wild animal hunts). He was eager to increase his prestige by
putting on an extravagant show. So he wrote to Cicero requesting

help. He had already made several mentions of these animals in earlier
letters.

The next letter was written soon after his election victory.

Section 6 B (iv)

*Caelius urges Cicero to supply him with wild beasts, and promises to make
arrangements for their transportation.*

CAELIVS CICERŌNĪ S.
Rome, 2 September 51

68. uēnātiō.

ferē litterīs omnibus tibi dē panthērīs scrīpsī. turpe tibi erit Patiscum
Cūriōnī decem panthērās mīsisse, tē nōn multīs partibus plūrīs; quās
ipsās Cūriō mihi et aliās Āfricānās decem dōnāuit. tū, sī modo
memoriā tenueris et Cibyrātās arcessieris itemque in Pamphȳliam
litterās mīseris (nam ibi plūrīs panthērās capī aiunt), quod uolēs, efficiēs.   45
hoc uehementius labōrō nunc, quod seorsus ā collēgā putō mihi omnia
paranda. amābō tē, imperā tibi hoc. in hōc negōtiō nūlla tua nisi

loquendī cūra est, hoc est, imperandī et mandandī. nam,
simulatque erunt captae, habēs eōs quī alant eās et dēportent; putō
etiam, sī ūllam spem mihi litterīs ostenderis, mē istō missūrum aliōs.   50

(*Ad familiārēs* 8.9)

Section 6 B (v)

(*The* imperātor *in the title is explained by Cicero's success in a minor
engagement against some mountain tribes, for which his troops hailed him by
that very flattering appellation.*)

The panthers seem to have got wind of your plans for them.

M. CICERŌ IMPERĀTOR S.D. M. CAELIŌ AEDĪLĪ CVRVLĪ
Laodicea, 4 April 50

dē panthērīs per eōs, quī uēnārī solent, agitur mandātū meō dīligenter;
sed panthērārum mīra paucitās est, et eās quae sunt ualdē aiunt querī,
quod nihil cuiquam īnsidiārum in meā prōuinciā nisi sibi fiat. itaque
panthērae cōnstituisse dīcuntur in Cāriam ex nostrā prōuinciā dēcēdere.
sed tamen sēdulō fit et in prīmīs ā Patiscō. quicquid erit, tibi erit; sed   55
quid esset, plānē nesciēbāmus.
    tū uelim ad mē dē omnī reī pūblicae statū quam dīligentissimē
perscrībās. ea enim certissima putābō, quae ex tē cognōrō.

(*Ad familiārēs* 2.11)

The crisis was looming larger and getting nearer. The alliance between
Pompey and Caesar had been getting shakier ever since the death of
Julia, Caesar's wife and Pompey's daughter, in 54, and the death of
Crassus in Parthia in 53. The confrontation finally came in 50. Caesar
was on the point of returning from his extended command in Gaul. In
normal circumstances, he would surrender his armies and return as a
private citizen. But he knew that Pompey and many senators would
take advantage of this loss of *imperium*, and Caesar demanded
protection in the shape of either a continuation of his *imperium* in Gaul,
an unconditional offer of the consulship, or some other compromise
(e.g. Pompey giving up the control over his armies as well).

Section 6 B (vi)

*Caelius reports that Pompey is backing a move to make Caesar relinquish his
imperium before he re-enters Italy, as the condition of taking up the*

consulship. He foresees war, and a difficult choice for himself and Cicero to make.

CAELIVS CICERŌNĪ S.
Rome, *c.* 8 August 50

dē summā rē pūblicā saepe tibi scrīpsī mē in annum pācem nōn uidēre
et, quō propius ea contentiō accēdit (quam fierī necesse est), eō clārius   60
id perīculum appāret. prōpositum est hoc, dē quō eī quī rērum
potiuntur sunt dīmicātūrī. nam Gn. Pompēius cōnstituit nōn patī
C. Caesarem cōnsulem aliter fierī, nisi exercitum et prōuinciās

69. Cn. Pompēius.

trādiderit; Caesarī autem persuāsum est sē saluum esse nōn posse, sī ab
exercitū recesserit. fert illam tamen condiciōnem, ut ambō exercitūs   65
trādant. sīc illī amōrēs et inuidiōsa coniūnctiō nōn ad occultam recidit
obtrectātiōnem, sed ad bellum sē ērumpit. neque quid cōnsilī capiam,
reperiō; neque dubitō quīn tē quoque haec dēlīberātiō sit perturbātūra.
    in hāc discordiā uideō Gn. Pompēium senātum quīque rēs iūdicant
sēcum habitūrum, ad Caesarem omnīs accessūrōs quī cum timōre aut   70
malā spē uīuant; exercitum cōnferendum nōn esse. omnīnō satis spatī
est ad cōnsīderandās utrīusque cōpiās et ēligendam partem.
    ad summam, quaeris quid putem futūrum esse. sī alter uter eōrum
ad Parthicum bellum nōn eat, uideō magnās impendēre discordiās, quās
ferrum et uīs iūdicābit; uterque et animō et cōpiīs est parātus. sī sine   75
tuō perīculō fierī posset, magnum et iūcundum tibi Fortūna
spectāculum parābat.

                                        (*Ad familiārēs* 8.14)

Caelius was right. The senate forced the issue and demanded that
Caesar surrender his armies before he enter Italy. Caesar advanced
from Ravenna to Ariminum, crossing the Rubicon (the boundary of
his province and Italy) and so technically beginning the war.
Negotiations, in which Cicero played a part, continued, but failed. In
49 Caelius chose his destiny and went over to Caesar. He was
rewarded with the next step on the *cursus honōrum*, the praetorship.

*Caelius wrote the following letter to Cicero when he (Caelius) was on his
way with Caesar's army to Spain, conquest of which was seen as essential to
success in the war. Caelius had received a letter from Cicero indicating that
Cicero was thinking of joining Pompey's side. Caelius' reply urges him to
rethink and not to turn his back on Caesar.*

Section 6 B (vii)

CAELIVS CICERŌNĪ S.
Liguria (?), c. 16 April 49

exanimātus tuīs litterīs, quibus tē nihil nisi trīste cōgitāre ostendistī, hās
ad tē īlicō litterās scrīpsī.

   per fortūnās tuās, Cicerō, per līberōs tē ōrō et obsecrō nē quid   80
grauius dē salūte et incolumitāte tuā cōnsulās. nam deōs hominēsque
amīcitiamque nostram testificor mē tibi praedīxisse neque temere
monuisse sed, postquam Caesarem conuēnerim sententiamque eius
quālis futūra esset partā uictōriā cognōrim, tē certiōrem fēcisse. sī
exīstimās eandem ratiōnem fore Caesaris in dīmittendīs aduersāriīs et   85
condiciōnibus ferendīs, errās. nihil nisi atrōx et saeuum cōgitat atque
etiam loquitur. īrātus senātuī exiit, hīs intercessiōnibus plānē incitātus
est; nōn meherculēs erit dēprecātiōnī locus.

   sī tōtum tibi persuādēre nōn possum saltem dum quid dē Hispāniīs
agāmus scītur exspectā; quās tibi nūntiō aduentū Caesaris fore nostrās.   90
quam istī spem habeant āmissīs Hispāniīs nesciō; quod porrō tuum
cōnsilium sit ad dēspērātōs accēdere nōn medius fidius reperiō.

   hoc quod tū nōn dīcendō mihi significāstī Caesar audierat ac, simul
atque 'haue' mihi dīxit, statim quid dē tē audīsset exposuit. negāuī mē
scīre, sed tamen ab eō petiī ut ad tē litterās mitteret quibus maximē ad   95
remanendum commouērī possēs. mē sēcum in Hispāniam dūcit; nam
nisi ita faceret, ego, prius quam ad urbem accēderem, ubicumque essēs,
ad tē percurrissem et hoc ā tē praesēns contendissem atque omnī uī tē
retinuissem.

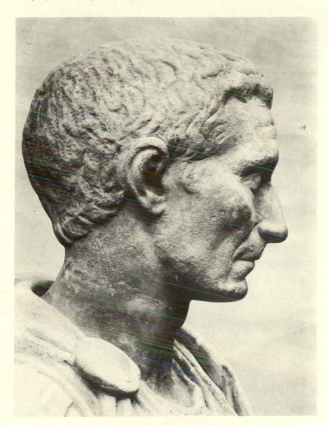

70. Caesar.

etiam‿atque‿etiam, Cicerō, cōgitā nē tē tuōsque omnīs funditus   100
ēuertās, nē tē sciēns prūdēnsque eō dēmittās unde exitum uidēs nūllum
esse. quod‿sī tē aut uōcēs optimātium commouent aut nōn‿nūllōrum
hominum īnsolentiam et iactātiōnem ferre nōn potes, ēligās cēnseō
aliquod oppidum uacuum ā bellō dum haec dēcernuntur; quae iam
erunt cōnfecta. id sī fēceris, et ego tē sapienter fēcisse iūdicābō et   105
Caesarem nōn offendēs.

(Ad familiārēs 8.16)

It is probably true that, despite all, Cicero still had hopes of mediating in the
dispute between Pompey and Caesar, so in his reply Cicero concentrates on

his refusal to get involved in the civil war. We know that, after a letter from Caesar, he had thought seriously about leaving Italy for Malta, thus making reconciliation with Caesar a distinct possibility. But we do not know whether the following letter to Caelius represents the wavering of a pragmatist, or the concern of a responsible citizen for peace, even at the cost of his own future.

Section 6B (viii)

M. CICERŌ IMP. S.D. M. CAELIŌ
Cumae, 2 or 3 May 49

uelim tū crēdās hoc, mē ex hīs miseriīs nihil aliud quaerere nisi ut
hominēs aliquandō intellegant mē nihil māluisse quam pācem, eā
dēspērātā nihil tam fūgisse quam arma cīuīlia. huius mē cōnstantiae
putō fore ut numquam paeniteat. etenim meminī in hōc genere glōriārī   110
solitum esse familiārem nostrum Q. Hortēnsium, quod numquam bellō
cīuīlī interfuisset. hōc nostra laus erit illūstrior quod illī tribuēbātur
ignāuiae, dē nōbīs id exīstimārī posse nōn arbitror.

  nec mē ista terrent quae mihi ā tē ad timōrem fīdissimē atque
amantissimē prōpōnuntur. nūlla est enim acerbitās quae nōn omnibus   115
hāc orbis terrārum perturbātiōne impendēre uideātur. quam quidem
ego ā rē pūblicā meīs prīuātīs et domesticīs incommodīs libentissimē
redēmissem.

  itaque neque ego hunc Hispāniēnsem cāsum exspectō neque
quicquam astūtē cōgitō. sī quandō erit cīuitās, erit profectō nōbīs locus;   120
sīn autem nōn erit, in eāsdem solitūdinēs tū ipse, ut arbitror, ueniēs in
quibus nōs cōnsēdisse audiēs. sed ego fortasse uāticinor et haec omnia
meliōrēs habēbunt exitūs. recordor enim dēspērātiōnēs eōrum quī senēs
erant adulēscente mē. eōs ego fortasse nunc imitor et ūtor aetātis uitiō.
uelim ita sit; sed tamen.   125

  extrēmum illud erit: nōs nihil turbulenter, nihil temere faciēmus. tē
tamen ōrāmus, quibuscumque erimus in terrīs, ut nōs līberōsque
nostrōs ita tueāre ut amīcitia nostra et tua fidēs postulābit.

(Ad familiārēs 2.16)

In June 48, two months before the battle of Pharsalus at which
Pompey was defeated, Cicero was in Pompey's camp. Even then he
was an uncomfortable supporter. His sharp tongue constantly rebuked
Pompey, and Pompey is said to have remarked 'I wish Cicero would
go over to the enemy: then he might fear us!'

Meanwhile Caelius was having some misgivings about being on Caesar's side. In the same year, as *praetor*, he tried to move an abolition of debts (he was himself heavily in debt), but this was unsuccessful and he was forced from office. He joined a rebellion against Caesar and was soon after killed at Thurii.

Section 6C   The end of the civil war: the battle of Pharsalus

Pompey had long been diffident of his chances in a pitched battle against Caesar. This diffidence had caused him to abandon Italy in the face of Caesar's advance in 49 and make for Greece. In 48 Caesar finally caught up with him in Thessaly and, rather surprisingly, Pompey offered battle.

These extracts are from Caesar's own account of the battle taken from his Dē bellō cīuīlī. *You should pay careful attention to the 'colouring' Caesar gives his account.*

Section 6C (i)

Caesar encourages his troops immediately before the battle, reminding them of his constant search for peace. A trooper, Crastinus, sets an example for the others to follow. (See map over.)

exercitum cum mīlitārī mōre ad pugnam cohortārētur, in prīmīs
commemorāuit testibus sē mīlitibus ūtī posse, quantō studiō pācem
petīsset; neque sē umquam abūtī mīlitum sanguine neque rem
pūblicam alterutrō exercitū prīuāre uoluisse. hāc habitā ōrātiōne,
exposcentibus mīlitibus et studiō pugnandī ārdentibus, tubā signum   5
dedit.
  erat Crāstinus ēuocātus in exercitū Caesaris, uir singulārī uirtūte. hic,
signō datō, 'sequiminī mē', inquit, 'et uestrō imperātōrī quam
cōnstituistis operam date. ūnum hoc proelium superest; quō cōnfectō,
et ille suam dignitātem et nōs nostram lībertātem reciperābimus.' simul,   10
respiciēns Caesarem, 'faciam' inquit 'hodiē, imperātor, ut aut uīuō
mihi aut mortuō grātiās agās'. haec cum dīxisset, prīmus ex dextrō
cornū prōcucurrit, multīs mīlitibus sequentibus.
                                                    (*Dē bellō cīuīlī* 3.90–1)

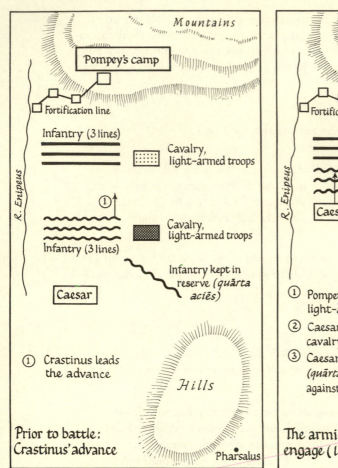

Prior to battle: Crastinus' advance

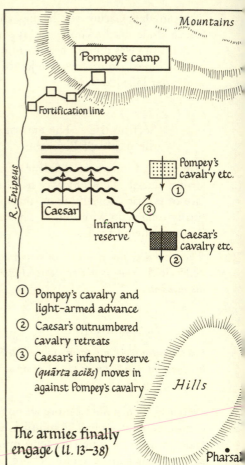

The armies finally engage (*ll. 13–38*)

Section 6C(ii)

Caesar's troops advance, but Pompey's hold their ground. Their aim is to exhaust Caesar's troops, but Caesar's men are too experienced to fall into that trap. Battle is joined. When Pompey's cavalry look like causing trouble, Caesar's fourth line is brought into action; the third line completes the rout.

inter duās aciēs tantum erat relictum spatī ut satis esset ad concursum utrīusque exercitūs. sed Pompēius suīs praedīxerat ut Caesaris

15

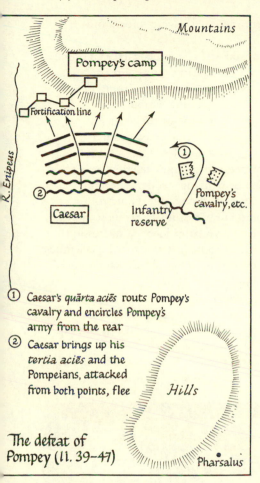

R. Enipeus

Mountains

Pompey's camp

Fortification line

Caesar

Infantry reserve

Pompey's cavalry, etc.

① Caesar's *quārta aciēs* routs Pompey's cavalry and encircles Pompey's army from the rear

② Caesar brings up his *tertia aciēs* and the Pompeians, attacked from both points, flee

Hills

The defeat of Pompey (ll. 39–47)

Pharsalus

6. The battle of Pharsalus 48 B.C.

impetum exciperent nēue sē locō mouērent aciemque eius distrahī
paterentur; ita enim spērābat fore ut prīmus excursus uīsque mīlitum
īnfringerētur, aciēsque distenderētur; simul fore ut, duplicātō cursū,
Caesaris mīlitēs exanimārentur et lassitūdine cōnficerentur. hoc, ut
nōbīs uidēbātur, nūllā ratiōne factum est. nam est quaedam animī   20
incitātiō atque alacritās, nātūrāliter innāta omnibus, quae studiō

pugnandī incenditur. hanc nōn reprimere sed augēre imperātōrēs
dēbent.

sed nostrī mīlitēs signō datō cum īnfestīs pīlīs prōcucurrissent atque
animum͡aduertissent nōn concurrī ā Pompēiānīs, ūsū perītī ac   25
superiōribus pugnīs exercitātī suā sponte cursum repressērunt et ad
medium ferē spatium cōnstitērunt, nē cōnsūmptīs uīribus
appropinquārent, paruōque intermissō temporis spatiō ac rūrsus
renouātō cursū pīla mīsērunt celeriterque, ut erat praeceptum ā
Caesare, gladiōs strīnxērunt. neque uērō Pompēiānī huic rēī dēfuērunt.   30
nam et tēla missa excēpērunt et impetum legiōnum tulērunt et ōrdinēs
cōnseruārunt pīlīsque missīs ad gladiōs rediērunt. eōdem tempore
equitēs ab sinistrō Pompēī cornū, ut erat imperātum, ūniuersī
prōcucurrērunt, omnisque multitūdō sagittāriōrum sē profūdit. quōrum
impetum noster equitātus nōn tulit sed paulātim locō mōtus cessit,   35
equitēsque Pompēī hōc ācrius īnstāre et sē turmātim explicāre aciemque
nostram ā latere apertō circumīre coepērunt. quod ubi Caesar animum͡
aduertit, quārtae aciēī dedit signum.

illae celeriter prōcucurrērunt īnfestīsque signīs tantā uī in Pompēī
equitēs impetum fēcērunt ut eōrum nēmō cōnsisteret omnēsque   40
conuersī nōn sōlum locō excēderent, sed prōtinus incitātī fugā montīs
altissimōs peterent. quibus summōtīs omnēs sagittāriī funditōrēsque
dēstitūtī inermēs sine praesidiō interfectī sunt. eōdem impetū cohortēs
sinistrum cornū, Pompēiānīs etiam tum in aciē pugnantibus et

71. equitātus.

resistentibus, circumiērunt eōsque ā tergō adortī sunt. ēodem tempore   45
tertiam aciem Caesar prōcurrere iussit; quōrum impetum sustinēre
Pompēiānī nōn potuērunt atque ūniuersī terga uertērunt.

(Dē bellō ciuīlī 3.92–4)*

Pompey saw that his cavalry were routed and that the part of his
forces in which he had placed his greatest confidence was in panic, and
mistrusting the rest of his army, he left the field and rode straight to
his camp. There he shouted, in a voice loud enough for all the troops
to hear, 'Keep an eye on the camp, and if anything goes wrong see to
its defence. I am going round to the other gates to encourage the
garrison.' Having said this he retired to his headquarters to await the
outcome, but with little hope of success.

The retreating Pompeians were driven back inside the rampart and
Caesar, thinking that they should be given no respite in their panic,
urged his men to take advantage of their good luck and storm the
camp. They were exhausted by the great heat (for the action had been
prolonged till midday), but were ready for anything and obeyed his
orders. The camp was being vigorously defended by the cohorts left to
guard it, and even more fiercely by the Thracian and barbarian
auxiliaries. For the troops who had retreated from the battlefield were
terrified and exhausted, and most of them threw away their arms and
military standards, with their minds on further flight rather than the
defence of the camp. Those who had taken up their positions on the
rampart were unable to hold out against the shower of javelins and the
exhaustion from the wounds they inflicted, and left their position; and
led by their centurions and tribunes they fled straight to the shelter of
the heights of the hills that adjoined the camp.

In Pompey's camp one could see shelters newly built, a great weight
of silver plate displayed, and quarters laid out with freshly cut turf,
those of Lucius Lentulus and some others being covered with ivy.
There were many other indications too of excessive luxury and
confidence in victory, which prompted the thought that they were
sure enough of the outcome to provide themselves with unnecessary
comforts. Yet they had continually taunted Caesar's unhappy and
long-suffering army with luxury, though it was always short even of
bare necessities. When our men were already circulating inside the
rampart Pompey secured a horse, tore off his general's insignia, rode
precipitately out of the rear gate and spurred at speed straight to
Larissa. Nor did he stop there, but with a few of his men whom he had

picked up in flight rode on through the night in the same haste, and
finally reached the sea with about thirty cavalrymen. There he
embarked on a grain-ship, often complaining, it is said, of the
misjudgement which had led him to be betrayed by the part of the
force which he had hoped would bring him victory but had in fact
started the rout.

(Dē bellō cīuīlī 3.94–6)

Section 6 C (iii)

*Since the hilltops had no water, Pompey's men moved on. Caesar, splitting
up his forces, pursued, and surrounded the hill and cut off the water supply
where the Pompeians had taken up position. The Pompeians prepared to
surrender.*

Caesar castrīs potītus ā mīlitibus contendit nē in praedā occupātī
reliquī negōtī gerendī facultātem dīmitterent. quā rē impetrātā montem
opere circummūnīre īnstituit. Pompēiānī, quod is mōns erat sine aquā,   50
diffīsī eī locō relictō monte ūniuersī iugīs eius Lārīsam uersus sē
recipere coepērunt. quā spē animaduersā Caesar cōpiās suās dīuīsit
partemque legiōnum in castrīs Pompēī remanēre iussit, partem in sua
castra remīsit, quattuor sēcum legiōnēs dūxit commodiōreque itinere
Pompēiānīs occurrere coepit et prōgressus mīlia passuum sex aciem   55
īnstrūxit. quā rē animaduersā Pompēiānī in quōdam monte
cōnstitērunt. hunc montem flūmen subluēbat. Caesar mīlitēs cohortātus,
etsī tōtīus diēī continentī labōre erant cōnfectī noxque iam suberat,
tamen mūnitiōne flūmen ā monte sēclūsit, nē noctū aquārī Pompēiānī
possent. quō perfectō opere illī dē dēditiōne missīs lēgātīs agere   60
coepērunt. paucī ōrdinis senātōriī, quī sē cum hīs coniūnxerant, nocte
fugā salūtem petīuērunt.

(Dē bellō cīuīlī 3.97)

Section 6 C (iv)

*Caesar accepts the Pompeians' surrender, assures them of his leniency, enjoins
his soldiers to treat them well and moves on.*

Caesar prīmā lūce omnīs eōs quī in monte cōnsēderant ex
superiōribus locīs in plānitiem dēscendere atque arma prōicere iussit.
quod ubi sine recūsātiōne fēcērunt passīsque palmīs prōiectī ad terram   65
flentēs ab eō salūtem petīuērunt, cōnsōlātus cōnsurgere iussit et pauca
apud eōs dē lēnitāte suā locūtus, quō minōre essent timōre, omnīs

cōnseruāuit mīlitibusque suīs commendāuit, nē quī eōrum uiolārentur
neu quid suī dēsīderārent. hāc adhibitā dīligentiā ex castrīs sibi legiōnēs
aliās occurrere et eās quās sēcum dūxerat inuicem requiēscere atque in   70
castra reuertī iussit eōdemque diē Lārīsam peruēnit.

(Dē bellō cīuīlī 3.98)

*Pompey had fled, but found few places willing to take him in. Eventually he
arrived in Egypt, where the young King Ptolemy was waging war on his
sister Cleopatra. He made approaches to Ptolemy, and then:*

When the friends of the King, who were administering the kingdom
for him because of his youth, heard the news, they were afraid (so
they said later) that Pompey might suborn the royal army and seize
Alexandria and Egypt, or else they despised him for his misfortunes, in
the way their friends so often turn against those in adversity. Whatever
their motives, they gave a generous reply in public to his messengers
and bade him come to the King; but meanwhile they formed a secret
plot with Achillas, one of the King's officers and a man to stick at
nothing, and with L. Septimius, a military tribune, and sent them to
kill Pompey. They addressed him courteously, and he was induced by
his previous knowledge of Septimius, who had served as a centurion
with him during the war against the pirates, to embark with a few
companions on a small boat; whereupon Achillas and Septimius
assassinated him.

(Dē bellō cīuīlī 3.104)

*Such was the end of Pompey the Great; such, effectively, was the end of the
Civil War.*

Section 6D   Four Roman poets

Introduction
From the very beginning of Roman literature, Greek models had been
a primary inspiration. We have already seen how Plautus 'translated'
plays from Greek New Comedy. The situation was similar in later
centuries. Catullus' 'learned' style was developed with inspiration from
the Alexandrian Greek poets, such as Callimachus (third century).
The Latin poets mostly employed Greek metres, such as the hexameter
and pentameter. By and large they followed, too, the literary genres
(e.g. epic, didactic, epigram etc.) which the Greeks had developed. So
imitātiō ('imitation') was the literary rule. But despite this dependence

on the Greeks, Roman poets did not simply copy. They spoke with their own distinctive voices about things which concerned them. For these poets, as for their later European successors, the availability of a tradition stretching back centuries meant that their work could be richer and more sophisticated. It did not make their poetry any less Roman.

Of the four poets represented here, Lucretius is a poet of the late Republic, but Virgil and Horace span the period from the late Republic to Augustus' principate and Ovid is a wholly Augustan poet. For the historical background to this period, see the sections in *GVE* on Augustus (p. 252) and Virgil (pp. 320-1).

Section 6D(i)   Titus Lucrētius Cārus (Lucretius) (*c.* 94–*c.* 55)

The six books of *Dē rērum nātūrā* ('On the nature of the universe') are in the tradition of 'didactic' ('teaching') poetry, which goes back ultimately to the eighth- to seventh-century Greek poet Hesiod's *Works and Days*, a manual on farming and the ritual calendar. Lucretius' poem is an attempt to summarise and to argue out for the Roman reader the philosophy of the Greek Epicurus (342–271), who held the following doctrines: (1) the world and all it contains is made up from minute particles called atoms; (2) everything, including the soul, is material, and living things simply dissolve into their constituent atoms after death; (3) the gods, though they exist, live in utter bliss, and take no part in influencing events in the universe; (4) the combinations of atoms (and therefore all events) occur by chance.

Lucretius' most fervently expressed aim was to convince his reader that religion and the superstition which it fostered, particularly the fear of punishments after death, were not based on reason. The follower of Epicurus could finally be free of irrational dread.

In this passage from the fifth book, Lucretius explains how men came to have their false ideas of the gods' power.

> praetereā caelī ratiōnēs ōrdine certō
> et uaria annōrum cernēbant tempora uertī
> nec poterant quibus id fieret cognōscere causīs.
> ergō perfugium sibi habēbant omnia dīuīs
> trādere et illōrum nūtū facere omnia flectī.

5

72. pietās.

in caelōque deum sēdīs et templa locārunt,
per caelum uoluī quia nox et lūna uidētur,
lūna diēs et nox et noctis signa seuēra
noctiuagaeque facēs caelī flammaeque uolantēs,
nūbila sōl imbrēs nix uentī fulmina grandō   10
et rapidī fremitūs et murmura magna minārum.
    ō genus īnfēlix hūmānum, tālia dīuīs
cum tribuit facta atque īrās adiūnxit acerbās!
quantōs tum gemitūs ipsī sibi, quantaque nōbīs
uulnera, quās lacrimās peperēre minōribu' nostrīs!   15
nec pietās ūllast uēlātum saepe uidērī
uertier ad lapidem atque omnīs accēdere ad ārās
nec prōcumbere humī prōstrātum et pandere palmās
ante deum dēlūbra nec ārās sanguine multō
spargere quadrupedum nec uōtīs nectere uōta,   20
sed mage plācātā posse omnia mente tuērī.

nam cum suspicimus magnī caelestia mundī

For when we look up at the vast tracts
                                    of the sky

templa super stellīsque micantibus aethera
                                    fīxum,

and the ether above us studded with
                                    twinkling stars

et uenit in mentem sōlis lūnaeque uiārum,

and there comes into our minds the
                                    thought
of the paths of the sun and the moon,

25 tunc aliīs oppressa malīs in pectora cūra

then in our hearts, oppressed as they are
                                    with other sorrows,

illa quoque expergēfactum caput ērigere
                                    īnfit,

a new anxiety stirs and starts to rear its
                                    head

nē quae forte deum nōbīs immēnsa potestās

sit, uariō mōtū quae candida sīdera uerset.

temptat enim dubiam mentem ratiōnis
          egestās,

30 ecquaenam fuerit mundī genitālis orīgō,

et simul ecquae sit fīnis, quoad moenia
          mundī

sollicitī mōtūs hunc possint ferre labōrem,
an dīuīnitus aeternā dōnāta salūte

perpetuō possint aeuī lābentia tractū

35 immēnsī ualidās aeuī contemnere uīrīs.

praetereā cūī nōn animus formīdine dīuum
contrahitur, cūī nōn corrēpunt membra
          pauōre,
fulminis horribilī cum plāgā torrida tellūs

contremit et magnum percurrunt murmura
          caelum?
40 nōn populī gentēsque tremunt, rēgēsque
          superbī
corripiunt dīuum percussī membra timōre,

nē quid ob admissum foedē dictumue
          superbē

poenārum graue sit soluendī tempus
          adāctum?

summa etiam cum uīs uiolentī per mare
          uentī
45 induperātōrem classis super aequora uerrit

cum ualidīs pariter legiōnibus atque
          elephantīs,
nōn dīuum pācem uōtīs adit ac prece
          quaesit

and we wonder if it is some divine
          power beyond our measuring
which is turning the bright stars in their
          various courses.
Our minds are shaken and begin to
          doubt.
This is a failure of reason.
We ask ourselves
if there was once a day on which the
          world was born
and at the same time if there is a limit

beyond which its walls will not be able
          to endure
the drudgery of this anxious motion
or whether they are blessed with eternal
          security
and can glide through the infinite tracts
          of time
and mock its mighty power.

Besides
do not all men find their hearts
          contracting with fear of the gods
and their limbs creeping with fright
when the earth is scorched by the
          shuddering stroke of lightning
and murmurs run all round the sky?

Do not the nations tremble and all the
          peoples of the earth?
Do not the limbs of proud kings crawl
          with fear
and are they not stricken by the
          thought
that the time has come for them to pay

for some foul deed they have done
or some proud word they have spoken?

Then, too,
when a great gale comes upon the sea and
          sweeps
the general and his fleet over the face of
          the water
with all his mighty legions, elephants and
          all,
does he or does he not go and offer up vows
          to the gods

and beg them to send him their peace?

uentōrum pauidus pācēs animāsque
secundās,

And does he not in his fright pray to the
winds
to send him their peace too and their
favouring breath?

nēquīquam, quoniam uiolentō turbine saepe

Little good it does him:
as often as not there comes a fierce
squall

50 correptus nīlō fertur minus ad uada lētī?

and snatches him up and carries him
away,
even as he prays, to the shallow waters
of death.

usque adeō rēs hūmānās uīs abdita quaedam

There is always a mysterious force
which tramples upon the affairs of men

obterit et pulchrōs fascīs saeuāsque secūrīs

grinding the emblems of their power
under its heel

prōculcāre ac lūdibriō sibi habēre uidētur.

and making a mockery of the splendid
rods and the pitiless axes.

Lastly

dēnique sub pedibus tellūs cum tōta
uacillat

when the whole earth trembles under
our feet

55 concussaeque cadunt urbēs dubiaeque
minantur,

when cities are shaken and fall

or totter and threaten to fall

quid mīrum sī sē temnunt mortālia saecla

is it any wonder
if the children of men despise
themselves and consign

atque potestātēs magnās mīrāsque relinquunt

all their great authority
and all their wonderful powers

in rēbus uīrīs dīuum, quae cūncta gubernent?

into the hands of gods
and think that they rule everything?

(Lucretius, *Dē rērum nātūrā* 5.1183–240)

Section 6D(ii)   Pūblius Vergilius Marō (Virgil) (70–19 B.C.)

For Virgil's life, works and connections with Augustus, see *Grammar, vocabulary and exercises* pp. 320–1.

These two passages are taken from Aeneid 6. Aeneas, as ordered by his dead father Anchises in a dream, has landed at Cumae in Italy, and is now making the journey to Hades, guided by the Sibyl (a prophetess). There he will meet Anchises, who will show his son the future greatness of Rome.

Aeneas and the Sibyl journey through the darkness of the Underworld, past personified evils of the world above and various other monsters. They come to the ferry, on which the souls are conveyed to Hades by Charon. He and the shades are described.

īant obscūrī sōlā sub nocte per umbram
perque domōs Dītis uacuās et inānia rēgna:
quāle per incertam lūnam sub lūce malignā
est iter in siluīs, ubi caelum condidit umbrā
Iuppiter, et rēbus nox abstulit ātra colōrem.   5

uestibulum ante ipsum prīmīsque in faucibus Orcī	Before the entrance, in the very throat of Hell,
Lūctus et ultrīcēs posuēre cubīlia Cūrae,	Grief and Care and Revenge had made their beds.
pallentēsque habitant Morbī trīstisque Senectūs,	Pale disease lived next crabbed Old Age.
et Metus et malesuāda Famēs ac turpis Egestās,	There too were Fear and Hunger that stops at nothing and squalid Poverty
10 terribilēs uīsū fōrmae, Lētumque Labōsque;	and Drudgery and Death, all fearful things to look upon.
tum cōnsanguineus Lētī Sopor et mala mentis Gaudia, mortiferumque aduersō in līmine Bellum,	Then there were Sleep the sister of Death and all the Evil Pleasures of the heart and War the murderer standing before them on the threshold.
ferrēīque Eumenidum thalamī et Discordia dēmēns uīpereum crīnem uittīs innexa cruentīs.	There too were the sleeping quarters of the Furies and raging Discord with vipers for hair bound up with blood-soaked ribbons.
15 in mediō rāmōs annōsaque bracchia pandit	In the middle a huge dark elm spread out its ancient branching arms.
ulmus opāca, ingēns, quam sēdem Somnia uulgō uāna tenēre ferunt, foliīsque sub omnibus haerent.	This, they say, is the nesting place of foolish dreams each clinging beneath its own leaf.
multaque praetereā uariārum mōnstra ferārum,	Here too by the doors are stabled many strange kinds of creature
Centaurī in foribus stabulant Scyllaeque bifōrmēs	Centaurs – man and horse, Scyllas – maiden and dogs,
20 et centumgeminus Briareus ac bēlua Lernae	Briareus with his hundred hands and the Hydra of Lerna
horrendum strīdēns, flammīsque armāta Chimaera,	hissing horribly and the Chimera armed in fire,
Gorgones Harpyiaeque et fōrma tricorporis umbrae.	Gorgons and Harpies and the three-bodied shade of Geryon.

corripit hīc subitā trepidus formīdine ferrum

Aenēās strictamque aciem uenientibus offert,

25 et nī docta comes tenuīs sine corpore uītās

admoneat uolitāre cauā sub imāgine fōrmae,

inruat et frūstrā ferrō dīuerberet umbrās.

Here Aeneas felt sudden fear and took
                                    hold of his sword
and met them with naked steel as they
                                    came at him.
If his wise mentor had not warned him
                                    that they were spirits,
frail and bodiless existences fluttering in
                                    an empty semblance
of substance, he would have charged
                                    them
and to no purpose have parted shadows
                                    with his steel.

73. Scyllaeque bifōrmēs.

hinc uia Tartareī quae fert Acherontis ad undās.
turbidus hīc caenō uāstāque uorāgine gurges
aestuat atque omnem Cōcȳtō ērūctat harēnam.   30
portitor hās horrendus aquās et flūmina seruat
terribilī squālōre Charōn, cuī plūrima mentō
cānitiēs inculta iacet, stant lūmina flammā,
sordidus ex umerīs nōdō dēpendet amictus.
ipse ratem contō subigit uēlīsque ministrat   35
et ferrūgineā subuectat corpora cumbā,
iam senior, sed crūda deō uiridisque senectūs.

hūc omnis turba ad rīpās effūsa ruēbat,
mātrēs atque uirī dēfūnctaque corpora uītā
magnanimum hērōum, puerī innūptaeque puellae,   40
impositīque rogīs iuuenēs ante ōra parentum:
quam multa in siluīs autumnī frīgore prīmō
lāpsa cadunt folia, aut ad terram gurgite ab altō
quam multae glomerantur auēs, ubi frīgidus annus
trāns pontum fugat et terrīs immittit aprīcīs.   45
stābant ōrantēs prīmī trānsmittere cursum
tendēbantque manūs rīpae ulteriōris amōre.
nāuita sed trīstis nunc hōs nunc accipit illōs,
ast aliōs longē summōtōs arcet harēnā.

(Virgil, *Aeneid* 6.268–316)

*Aeneas has reached the Elysian Fields, where Anchises explains to him the
workings of the universe, then shows him a parade of the Roman leaders who
will spring from his line. In this tailpiece to the long revelation, Anchises
reminds the Roman that others may cultivate the arts to a higher degree, but
that his task, government of the world, can also be classified as an 'art'.*

74. uīuōs dūcent dē marmore uultūs.

'excūdent aliī spīrantia mollius aera   50
(crēdō equidem), uīuōs dūcent dē marmore uultūs,
ōrābunt causās melius, caelīque meātūs
dēscrībent radiō et surgentia sīdera dīcent:
tū regere imperiō populōs, Rōmāne, mementō
(hae tibi erunt artēs), pācīque impōnere mōrem,   55
parcere subiectīs et dēbellāre superbōs.'

(Virgil, *Aeneid* 6.847–53)

Section 6D(iii)   Quīntus Horātius Flaccus (Horace) (65–8)

Horace's father was a freedman. Yet he had enough money and ambition to enable his son to study in Rome and Athens. In about 38 or 37 Horace was introduced by Virgil to Maecenas, whose *clientēla* ('circle of dependants') he joined soon after. Maecenas gave him a farm in the Sabine hills which allowed him a retreat from Rome and a return to the simple life of the country landowner which he often praised. After Virgil's death, he became close to Augustus (a letter survives in which Augustus makes fun of his paunch), but refused an appointment as his personal secretary.

His most celebrated achievement (he himself called them 'a monument more lasting than bronze') was the first three books of *Carmina* ('The Odes'), written between the battle of Actium (31) and 23. His last work was a fourth book of *Carmina*, published *c.* 13. It contains much poetry celebrating Augustus and his achievements, and includes other pieces like the following, which the poet and scholar A. E. Housman thought the most beautiful poem in ancient literature.

Torquatus, Spring has returned. But the seasons have a lesson to teach about hopes of immortality. All things change for the worse. Men are more badly off still, since death is final. What point is there in denying yourself? Once you are dead, no quality that you possess can change your condition. The examples of Hippolytus and Theseus prove the point.

diffūgēre niuēs, redeunt iam grāmina campīs
      arboribusque comae;
mūtat terra uicēs, et dēcrēscentia rīpās
      flūmina praetereunt;
Grātia cum Nymphīs geminīsque sorōribus audet   5
      dūcere nūda chorōs.

75. Grātia cum Nymphīs.

immortālia nē spērēs, monet annus et almum
    quae rapit hōra diem:
frīgora mītēscunt Zephyrīs, uēr prōterit aestās
    interitūra simul   10
pōmifer Autumnus frūgēs effūderit, et mox
    brūma recurrit iners.
damna tamen celerēs reparant caelestia lūnae:
    nōs ubi dēcidimus
quō pater Aenēās, quō Tullus dīues et Ancus,   15
    puluis et umbra sumus.
quis scit an adiciant hodiernae crāstina summae
    tempora dī superī?
cūncta manūs auidās fugient hērēdis, amīcō
    quae dederīs animō.   20
cum semel occiderīs et dē tē splendida Mīnōs
    fēcerit arbitria,
nōn, Torquāte, genus, nōn tē fācundia, nōn tē
    restituet pietās;

76. Autumnus.

īnfernīs neque enim tenebrīs Dīāna pudīcum   25
    līberat Hippolytum,
nec Lēthaea ualet Thēseus abrumpere cārō
    uincula Pērithoō.

                                              (Horace, *Odes* 4.7)

Section 6 D (iv)   Pūblius Ovidius Nāsō (Ovid) (43 B.C.–A.D. 17)

Ovid, educated, like Horace, at Rome and then Athens, was intended
by his father for a public career. But by the time he reached the age of
qualification for the quaestorship (twenty-five) he had decided to
follow a literary career instead. He was extraordinarily prolific. He
wrote love-elegy (*Amōrēs*, published in 20), ironic 'didactic' poetry on
how to succeed with the opposite sex (*Ars Amātōria*, A.D. 1), tragedy
(he wrote a *Mēdēa*), epic (*Metamorphōsēs*, myths of the 'changes of
shape' which men and gods took on), learned aetiology (i.e. the
reasons why modern practices, institutions etc. take the form they

do – *Fastī*) and verse epistles (*Hērōides, Trīstia, Epistulae ex Pontō*). He was a brilliantly witty and sophisticated poet, whose spirit was much at odds with contemporary authority. His *Ars Amātōria* was especially frowned on by Augustus since it seemed to encourage a laxity of sexual *mōrēs* which was the reverse of that desired by the emperor. Indeed, it was partly this poem, and more significantly what Ovid calls mysteriously an *error* (probably some sort of scandal surrounding the emperor's daughter Julia) which led to his sudden banishment to Tomis, a remote settlement on the Black Sea, in A.D. 8. His verse epistles were written from there. He was never allowed to return to Rome.

Love elegy, the genre to which the *Amōrēs* belong, though it has Greek roots (Menander's New Comedy and Hellenistic love epigram), appears to have been a peculiarly Roman development. The chief innovator seems to have been Cornelius Gallus (*c.* 70–26), of whose poetry very little remains. Two older contemporaries of Ovid, Propertius and Tibullus, men in whose circle Ovid moved, wrote books of poems which centre around a love-affair. Ovid took over many of their themes, but treated them in a less serious way. It is never safe to assume that this poet writes with his hand on his heart[1].

Ovid is taking a siesta in his room. Corinna enters, and her appearance arouses the poet's ardour. He strips her clothes off, despite feigned resistance. He praises her body – and wishes for many such days.

> aestus erat, mediamque diēs exēgerat hōram;
>   adposuī mediō membra leuanda torō.
> pars adaperta fuit, pars altera clausa fenestrae,
>   quāle ferē siluae lūmen habēre solent,
> quālia sublūcent fugiente crepuscula Phoebō   5
>   aut ubi nox abiit nec tamen orta diēs.
> illa uerēcundīs lūx est praebenda puellīs,
>   quā timidus latebrās spēret habēre pudor.
> ecce, Corinna uenit tunicā uēlāta recīnctā,
>   candida dīuiduā colla tegente comā,   10
> quāliter in thalamōs fōrmōsa Semīramis īsse
>   dīcitur et multīs Lāis amāta uirīs.
> dēripuī tunicam; nec multum rāra nocēbat,
>   pugnābat tunicā sed tamen illa tegī;

---

[1] Some scholars now doubt even the truthfulness of his claim to have been exiled to Tomis!

77. cētera quis nescit?

quae, cum ita pugnāret tamquam quae uincere nōllet,   15
    uicta est nōn aegrē prōditiōne suā.
ut stetit ante oculōs positō uēlāmine nostrōs,
    in tōtō nusquam corpore menda fuit:
quōs umerōs, quālīs uīdī tetigīque lacertōs!
    fōrma papillārum quam fuit apta premī!   20
quam castīgātō plānus sub pectore uenter!
    quantum et quāle latus! quam iuuenāle femur!
singula quid referam? nīl nōn laudābile uīdī,
    et nūdam pressī corpus ad usque meum.
cētera quis nescit? lassī requiēuimus ambō.   25
    prōueniant mediī sīc mihi saepe diēs.

                                        (Ovid, *Amōrēs* 1.5)

NOTES ON ILLUSTRATIONS

We give here a list of photographs and drawings which appear in the *Text*, with a note detailing the content of each illustration. Unless otherwise stated, the illustrations have been supplied by the museums and individuals listed. We wish to thank everyone for their generous help.

Cover: Villa by the sea. Wall-painting from Stabiae; 1st century A.D.
Naples, Museo Nazionale 9511. Photo: DAI (R).

1 Romulus and Remus suckled by the she-wolf. Roman silver didrachm; 269–266 B.C.
London, British Museum, Department of Coins and Medals. *BMCRR* Romano-Campanian 28. Photo: Courtesy of the Trustees.

2 Buildings of Rome. Marble relief from the tomb monument of the Haterii family, found outside Rome; *c.* A.D. 90–100.
Vatican, Museo Gregoriano Profano inv. 9997 (H 1076). Photo: Mansell Collection.

p. 2 Three Greek mask types: old man, young woman, old woman; 4th century B.C.
Drawings: adapted from *Bulletin of the Institute of Classical Studies, Supplement 39 (1978): Monuments illustrating Old and Middle Comedy*, by T. B. L. Webster, 3rd edition revised and enlarged by J. R. Green, types E, SS and U.

3 Model of a stage building. Terracotta relief, found in southern Italy; *c.* 300 B.C.
Naples, Museo Nazionale 60 (Levi 773). Photo: Fotografia Foglia.

4 Comic actor as slave. Terracotta statuette, made and found at Myrina, Asia Minor; 2nd century B.C.
Boston, Museum of Fine Arts 01.7679. Purchased by contribution.

5 Household shrine in the 'House of Menander' (House of Quintus Poppaeus), Pompeii (I.10.4); 1st century B.C. – 1st century A.D. Photo: Alinari.

6 A Lar, the tutelary god of hearth and home, roads and crossroads. Bronze statuette; 1st century A.D.
Paris, Louvre Br. 686. Photo: Giraudon.

7 South Italian farce (*phlyax*): old woman and old man. Apulian red-figure bell-krater by the McDaniel Painter, found at Taranto; *c.* 400–375 B.C.
Cambridge (Mass.), Harvard University, Department of the Classics, Alice Corinne McDaniel Collection. Photo: Fogg Art Museum.

8 Comic actors as old man, woman and slave. Wall-painting from the 'House of the Dioscuri' (House of the Nigidii), Pompeii (VI.9.6); 1st century A.D.
Bonn, University, Akademisches Kunstmuseum E 168 (inv. B. 341).

9 Sale of cushions. Marble relief, most probably from a funerary monument; 1st century A.D.
Florence, Uffizi inv. 313 (Mansuelli no. 142). Photo: Mansell Collection.

10 South Italian farce (*phlyax*): cooks taking roast meat to a feast, preceded by a girl playing the pipes. Apulian red-figure bell-krater by the Dijon Painter; *c.* 375 B.C.
Leningrad, State Hermitage inv. 2074 (W. 1122).

11 South Italian farce (*phlyax*): Philotimides and Charis eating dainties, Xanthias the slave stealing cake. Apulian red-figure bell-krater, found at Ruvo; 400–375 B.C.
Milan, Collezione Moretti (formerly Ruvo, Caputi).

12 South Italian farce (*phlyax*): slave running. Apulian red-figure oinochoe; mid-4th century B.C.
Boston, Museum of Fine Arts 13.93. Gift of E. P. Warren.

13 Roadway with shrines. Wall-painting from the 'House of the Small Fountain', Pompeii (VI.8.23); 1st century A.D.
Naples, Museo Nazionale H 1557. Drawing: from Daremberg and Saglio s.v. compitum.

14 Stage scene with actors playing in a comedy (a slave and two old men). Terracotta relief; late 1st century B.C.
Drawing: from O. Puchstein, *Die griechische Bühne* (1901) fig. 4.

15 Comic actors as old slave, woman and youth. Wall-painting from Herculaneum; 1st century A.D.
Naples, Museo Nazionale 9037. Photo: Fotografia Foglia.

16 'nummi aurei Philippi'. Gold staters of Philip II of Macedon; *c.* 340 B.C.
Cambridge, Fitzwilliam Museum.

17 South Italian farce (*phlyax*): beating a slave. Lucanian red-figure calyx-krater by the Amykos Painter, from Apulia; late 5th century B.C.
Berlin (East), Staatliche Museen F 3043.

18 Kissing at a window. Apulian red-figure skyphos, related to the Alabastra Group; 350–325 B.C.
Boston, Museum of Fine Arts 69.28. Mary L. Smith Fund.

19 Roman deities. Relief from Trajan's Arch at Beneventum; *c.* A.D. 117.
Photo: Mansell Collection.

20 The sack of Troy. Detail of a Roman stone relief ('Tabula Iliaca'), found
outside Bovillae; early 1st century A.D.
Rome, Museo Capitolino, Sala delle Colombe 83. Drawing: from O. Jahn
and A. Michaelis, *Griechische Bilderchroniken* (Bonn, 1873) pl. 1.

21 Triumphal procession (of Tiberius). Roman silver goblet, from Boscoreale;
early 1st century A.D.
Paris, Louvre, Rothschild Collection G 34.682. Photo: Giraudon.

22 Comic actors as youth and maiden. Terracotta statuettes from Pompeii;
1st century A.D.
Naples, Museo Nazionale 22249 and 22248. Photos: Fotografia
Foglia.

23 South Italian farce (*phlyax*): old man grasping slave. Paestan red-figure
bell-krater by Python, found at Capua; 350–325 B.C.
London, British Museum, Department of Greek and Roman Antiquities
F 189. Photo: Courtesy of the Trustees.

24 Table with array of plate; masks above and below. Cameo-carved
sardonyx cup; 1st century B.C. – 1st century A.D.
Paris, Cabinet des Médailles, Camée 368. Photo: Bibliothèque Nationale,
Paris.

25 Row of theatrical masks. Roman lamp made in Egypt; 1st century A.D.
Paris, Louvre S 1724. Photo: Chuzeville.

26 South Italian farce (*phlyax*): Zeus, Hermes and Alkmene (Jupiter, Mercury
and Alcumena). Paestan red-figure bell-krater by Asteas; *c.* 350–340 B.C.
Vatican, Museo Gregoriano Etrusco U 19 (inv. 17106). Photo: Mansell
Collection.

27 Booty carried in a triumphal procession. Section of a marble frieze from
the temple of Apollo Sosianus, near the theatre of Marcellus, Rome; *c.*
20 B.C.
Rome, Palazzo dei Conservatori 1670. Photo: Barbara Malter.

28 Two comic actors. Handle statuettes from the lid of a bronze box (*cista*),
from Praeneste; 3rd century B.C.
London, British Museum, Department of Greek and Roman Antiquities
B 742. Photo: Courtesy of the Trustees.

29 Mercury. Roman bronze statuette, found at Augst, Switzerland; 1st
century A.D.
Augst, Römerhaus und Museum A 1757. Photo: O. Pilko.

30 Amphitruo and a thunderbolt. Apulian red-figure calyx-krater by the
Painter of the Birth of Dionysos, found at Taranto; 400–390 B.C.
Taranto, Museo Nazionale I.G. 4600.

31 The infant Hercules strangling serpents. Bronze statuette, said to have been
found at Ephesos. Roman Imperial period.
London, British Museum, Department of Greek and Roman Antiquities
97.7–28.2. Photo: Courtesy of the Trustees.

32 Cornfields near Agrigento, Sicily.
   Photo: Leonard von Matt.

33 The temple of Hercules (?), Agrigento, Sicily.
   Photo: Leonard von Matt.

34 Magna Mater drawn by lions. Bronze group found at Rome; Hellenistic.
   New York, Metropolitan Museum of Art 97.22.24. Gift of Henry
   G. Marquand, 1897.

35 Head of Zeus (Jupiter). Stone carving, found in the amphitheatre at
   Syracuse; Hellenistic.
   Syracuse, Museo Nazionale.

36 Young woman standing. Terracotta statuette, made and found at Myrina,
   Asia Minor; 250–200 B.C.
   Paris, Louvre MYR 230. Photo: Chuzeville.

37 Revel. Roman tomb-painting from the columbarium of the Villa Pamphili,
   Rome; mid-1st century A.D.
   London, British Museum, Department of Greek and Roman Antiquities
   CPainting 24. Photo: Courtesy of the Trustees.

38 Two wine cups, a ladle and pitcher, and six spoons. Roman silverware
   from Italy; 1st century B.C.
   New York, Metropolitan Museum of Art 20.49.2–9, 11, 12 (Rogers Fund).

39 Roman galley. Silver denarius, issue of Q. Nasidius, Sextus Pompeius'
   moneyer (cf. no. 41); 44–43 B.C.
   London, British Museum, Department of Coins and Medals. Photo:
   Courtesy of the Trustees.

40 Jug, ladle, spatula, bowl and strainer. Roman silverware, from Arcisate,
   near Como; *c.* 75 B.C.
   London, British Museum, Department of Greek and Roman Antiquities
   1900.7–30.3–7. Photo: Courtesy of the Trustees.

41 Naval engagement. Roman silver denarius, issue of Q. Nasidius, Sextus
   Pompeius' moneyer (cf. no. 39); 44–43 B.C.
   Copenhagen, Nationalmuseet.

42 The Euryalus fort, west of Syracuse; begun *c.* 400 B.C.
   Photo: Leonard von Matt.

43 Two lictors (attendants of a magistrate) carrying the rods of office (*fasces*).
   Roman marble relief. 1st century B.C. – 1st century A.D.
   Portogruaro, Museo Nazionale. Photo: Mansell Collection.

44 The stone quarries at Syracuse.
   Photo: Leonard von Matt.

45 Orator in a toga. Bronze statue from Sanguineto, near Lake Trasimene;
   c. 100 B.C.
   Florence, Museo Archeologico. Photo: Mansell Collection.

46 Cicero (106–43 B.C.). Marble bust; Roman Imperial copy of a late
   contemporary portrait.
   Florence, Uffizi inv. 1914, no. 352 (Mansuelli 33). Photo: Mansell
   Collection.

47 Sulla (138–78 B.C.). Roman silver denarius, issue of Q. Pompeius Rufus, Sulla's grandson; *c.* 54 B.C.
Paris, Cabinet des Médailles. Photo: Bibliothèque Nationale, Paris.

48 The senate house (*curia*) at the Forum Romanum, Rome.
Photo: Fototeca Unione.

49 Couple embracing on a couch. Campanian terracotta group from Tarquinia; 2nd – 1st century B.C.
London, British Museum, Department of Greek and Roman Antiquities D 213. Photo: Courtesy of the Trustees.

50 Dancing girl. Sicilian terracotta statuette, from Centorbi; 2nd century B.C.
London, British Museum, Department of Greek and Roman Antiquities D 11. Photo: Courtesy of the Trustees.

51 Catiline denounced by Cicero. Painting by Cesare Maccari (1840–1919); 1882–8.
Rome, Palazzo del Senato. Photo: Mansell Collection.

52 Head of a Gaul. Roman silver denarius, issue of L. Hostilius Saserna; *c.* 48 B.C.
Munich, Staatliche Münzsammlung. Photo: Hirmer.

53 The Forum Romanum and Capitol, Rome.
Photo: Fototeca Unione.

54 Still-life with writing materials (tablet, inkpot and reed pen). Wall-painting from Pompeii; 1st century A.D.
Naples, Museo Nazionale 9822. Photo: Fotografia Foglia.

55 The Mulvian bridge, north of Rome, carrying the Via Flaminia over the Tiber; rebuilt in 109 B.C.
Photo: Fototeca Unione.

56 Temple of Concord, Rome, as rebuilt in the reign of Tiberius. Roman bronze sestertius of Tiberius; *c.* A.D. 36.
London, British Museum, Department of Coins and Medals. Photo: Courtesy of the Trustees.

57 Cato 'Uticensis' (95–46 B.C.). Roman marble head, found at Castel Gandolfo; Early Imperial copy of a contemporary bronze original.
Florence, Museo Archeologico, inv. no. 89683.

58 The Forum Romanum, Rome.
Photo: Gabinetto Fotografico Nazionale.

59 The Vesta temple, Rome, showing curule chair with urn and tablet, and A for 'absoluo' and C for 'condemno'. Roman silver denarius, issue of Q. Cassius (Longinus); 55 B.C.
London, British Museum, Department of Coins and Medals. Photo: Courtesy of the Trustees.

60 The prison (*carcer*), Rome, built in the Early Republican period.
Photo: Alinari.

61 Fight of armoured warrior against naked opponent. Roman marble relief from the Basilica Aemilia in the Forum Romanum, Rome; 34 or 14 B.C.
Rome, Antiquarium del Foro. Photo: DAI (R).

62 Still-life with a plate of eggs, jugs, a spoon and bottle, thrushes and a napkin. Wall-painting from the property of Julia Felix, Pompeii (II.4.3); 1st century A.D.
Naples, Museo Nazionale 8598 C. Photo: Fotografia Foglia.

63 Still-life with writing materials (tablet and scroll, scraper, inkpot and reed pen), from Pompeii; 1st century A.D.
Naples, Museo Nazionale 4676. Photo: Fotografia Foglia.

64 Young couple kissing (Cupid and Psyche). Marble statue group, from Rome; Roman Imperial copy of a 2nd-century B.C. original.
Rome, Museo Capitolino inv. 408 (H 1434). Photo: Barbara Malter.

65 Naked couple embracing. Detail of a relief on an Arretine bowl; late 1st century B.C.
Photo: Roger Dalliday.

66 Still-life with papyrus scroll in a box, tablets, coins and a sack. Wall-painting from Pompeii; 1st century A.D.
Naples, Museo Nazionale 4675. Photo: Fotografia Foglia.

67 Gladiators. Disc relief from a Roman lamp, said to be from Pompeii; late 1st century B.C.
London, British Museum, Department of Greek and Roman Antiquities 1847.11–8.5. Drawing: from D. M. Bailey, *Catalogue of the lamps in the British Museum* II (1980) p. 52, fig. 55, Q 938.

68 A leopard-fight in the arena. Roman mosaic, from Torrenova, near Tusculum; 3rd century A.D.
Rome, Galleria Borghese. Photo: Mansell Collection.

69 Pompey (106–48 B.C.). Roman marble head; *c.* 50 B.C.
New Haven, Yale University Art Gallery 1.4.1963, Frank Brown Collection.

70 Julius Caesar (*c.* 100–44 B.C.). Roman marble head; Early Imperial copy of a posthumous original.
Rome, Museo Torlonia. Photo: DAI (R).

71 Cavalry battle. Roman limestone architectural relief, from Lecce; 200–150 B.C.
Budapest, National Museum. Photo: DAI (R).

72 Sacrifice of a pig, a sheep and a bull (*suouetaurilia*). Roman marble relief; A.D. 10–20.
Paris, Louvre. Photo: Mansell Collection.

73 Skylla wielding a steering paddle and sailors attacked by dolphin-headed dogs. Roman black-and-white mosaic, from the villa of Munatia Procula, Tor Marancia; A.D. 123.
Vatican, Museo Chiaramonti, Braccio Nuovo H 462. Photo: Direzione Generale Musei Vaticani.

74 Girl's head. Greek marble head from Chios; *c.* 300 B.C.
Boston, Museum of Fine Arts 10.70. Gift of Nathaniel Thayer.

75 The Three Graces. Wall-painting from the house of T. Dentatus (?)
   Panthera, Pompeii (IX.2.16); 1st century A.D.
   Naples, Museo Nazionale 9236. Photo: Fotografia Foglia.

76 Personification of Autumnus. Roman altar relief, found in Rome; *c.* 10
   B.C.
   Würzburg, Martin von Wagner Museum. Inv. no. H 5056.

77 Couple in bed with a dog at their feet. Gallo-Roman pipe-clay group,
   found at Bordeaux; 2nd century A.D.
   St Germaine-en-Laye, Musée National des Antiquités inv. 72474. Photo:
   Musées Nationaux, Paris.